责任与安全

——首届“机动车驾驶人培训与道路交通安全国际论坛”成果汇编

北京京安驾驶人安全与素养研究院 编

人民交通出版社股份有限公司
China Communications Press Co.,Ltd.

内 容 提 要

本书是首届“机动车驾驶人培训与道路交通安全国际论坛”成果汇编，包括直击国际论坛、领导致辞实录、嘉宾精彩演讲、国际经验交流四部分内容。

本汇编适合从事道路交通安全和机动车驾驶培训行业的管理者、相关协会工作者和驾驶培训经营者参考。

图书在版编目（CIP）数据

责任与安全：首届“机动车驾驶人培训与道路交通安全国际论坛”成果汇编 / 北京京安驾驶人安全与素养研究院编. —北京：人民交通出版社股份有限公司，2016.12

ISBN 978-7-114-13545-3

Ⅰ. ①责…　Ⅱ. ①北…　Ⅲ. ①机动车—驾驶员—安全培训—文集②公路运输—交通运输安全—安全管理—文集　Ⅳ. ①U471.3-53②U492.8-53

中国版本图书馆 CIP 数据核字（2016）第 292600 号

Zeren yu Anquan

书　　名：责任与安全——首届“机动车驾驶人培训与道路交通安全国际论坛”成果汇编
著 作 者：北京京安驾驶人安全与素养研究院
责任编辑：王金霞　范才彬　王景景
出版发行：人民交通出版社股份有限公司
地　　址：(100011) 北京市朝阳区安定门外外馆斜街 3 号
网　　址：http://www.ccpress.com.cn
销售电话：(010)65290014
总 经 销：人民交通出版社股份有限公司
经　　销：各地新华书店
印　　刷：北京市密东印刷有限公司
开　　本：787 × 980　1/16
印　　张：8.25
字　　数：108 千
版　　次：2016 年 12 月　第 1 版
印　　次：2016 年 12 月　第 1 次印刷
书　　号：ISBN 978-7-114-13545-3
定　　价：40.00 元

编 写 组

顾燏鲁　曹仁磊　曾　诚　王金霞

王学忠　王　涛　黄景宇　孟　虎

范才彬　陈晶磊　刘建莹　赵　旭

特别鸣谢

人民交通出版社股份有限公司

东方时尚驾驶学校股份有限公司

序

驾驶人是影响道路交通安全的最重要因素。现阶段，我国驾驶人普遍存在的法制意识淡薄、安全知识匮乏、文明驾驶意识较低、驾驶技能不熟练等问题，成为交通事故高发和道路拥堵等不和谐现象的主要原因。驾驶人培训与考试是提升驾驶人安全文明素质的重要环节。为此，北京市、河北省、湖南省、内蒙古自治区、安徽省、山西省、广州市驾驶员培训行业协会联合美国、英国、韩国、日本、瑞典、中国香港等道路交通安全状况较好，驾驶培训管理先进的国家和地区驾培行业协会，培训机构共同举办了“首届机动车驾驶人培训与道路交通安全国际论坛”。

本次论坛以“责任与安全”为主题，为我国的道路交通安全管理者们和驾驶培训考试行业人员搭建了一个与世界交流的平台。与会各国代表围绕驾驶培训考试制度和交通安全意识的培养进行了深入的交流和探讨。论坛启迪管理者全面做好道路交通安全宣传，完善驾驶培训行业管理制度，提升全民交通安全文明意识；启迪驾驶培训从业者有高度的社会责任感，致力于培养合格的高素质驾驶人。

为记录论坛盛况、总结论坛成果，北京京安驾驶人安全与素养研究院组织编写了本书，就是为了引导我们思考改善驾驶培训考试乃至整个道路交通安全状况的思路。希望这次成果汇编能为机动车驾驶培训和道路交通安全管理者、相关协会工作者、驾驶培训经营者提供参考。

交通运输部运输服务司巡视员

目　录

第一章

直击国际论坛

Chapter 1

Focus on the International Forum

第一节　论坛举办背景

随着社会经济的持续快速发展，我国已经快速进入汽车时代。截至 2015 年年底，我国机动车保有量达到 2.79 亿辆，机动车驾驶人 3.27 亿人，其中，汽车驾驶人目前已经突破 2.8 亿人，预计未来 10 年，仍将以每年 2000 多万人的速度快速增长。

然而，我国的道路交通安全状况却令人担忧。道路交通事故高发，尤其是群死群伤事故高发，道路拥堵严重，道路通行效率低下，已成为我国道路交通的通病，严重地影响了人民生活质量的提高。造成这种状况的原因是多方面的，有人们对汽车时代尚未有足够认知的原因，有道路交通设施建设、管理不能适应汽车增长速度的原因。但据统计分析，80%以上的道路交通事故是由机动车驾驶人的违法驾驶造成的，大量交通拥堵也是由驾驶人的不文明行为造成的。

驾驶人培训考试，是道路交通安全的第一个关口、第一道防线。学员学习驾驶、取得驾照的过程，也是一个驾驶技能获取、安全意识养成、驾驶习惯固化的过程。这些对未来的道路交通安全，将产生深远的影响。

目前，全国有机动车驾驶培训机构（即驾校）1.5 万多所，年培训量 2600 多万人。但受制于规模、设施、师资水平等，各驾校的教学质量参差不齐。同时，社会和相关管理部门对驾培行业的重视程度不足，全国驾培行业至今没有专业的协会组织，缺乏对驾培机构的正确引导和行业自律，同时也缺乏对国外驾培先进经验的了解和学习。以上因素，导致我国部分新驾驶人驾驶技能与安全意识参差不齐，部分水平较差的新驾驶人成为道路交通安全的重大隐患。

放眼国际，作为比中国开展道路交通安全培训早且成熟的国家，像德国、美国、瑞典等都有着完善的培训机制。比如在德国，初学者必须接受正规的驾驶人培训，这种培训持续到驾驶培训的讲师肯定该初学者确实获得了必要的知识和技术。在美国，政府对父母参与对子女的驾驶培训有着严格的规定。在瑞典，监督驾驶技术学习过程的成年人必须经过正式登记才能对新驾驶人进行培训。

借鉴和学习国际上优秀的驾驶培训管理经验，是提升我国驾培行业发展水平直接而重要的途径。业内专家认为，举办一个国际性的“驾培论坛”活动，将产生以下多方面的积极影响：

（1）有利于各级政府及管理部门加深对驾培行业的认知，提升其对驾培行业的重视程度。

（2）有利于增强全国驾培机构经营者的道路交通安全意识，增强其履行社会责任的自觉性。

（3）有利于树立一批重视道路交通安全知识传播的先进驾培机构，引导驾培行业健康发展。

（4）有利于增加学习国际驾培机构先进经验的机会，加强国际间驾培机构的合作和交流。

（5）有利于促进中国驾驶员培训行业协会成立，发挥和扩大中国驾驶员培训行业协会的作用和影响，促进国际驾培论坛可持续发展。

第二节　论坛筹备与组织

在这样的背景下，机动车驾驶人培训与道路交通安全国际论坛应时而生。

首届机动车驾驶人培训与道路交通安全国际论坛由中国交通安全、驾驶培训相关行业协会和优秀驾培企业牵头，联合英国、美国、韩国、日本、瑞典等道路交通安全状况好、驾培方法先进的国家驾培协会、驾培机构共同举办，主题为“责任与安全”。

在首届论坛的筹备与组织过程中，中国道路交通安全协会、中国驾驶员培训行业协会（筹）等给予了充分的政策和业务指导，北京京安驾驶人安全与素养研究院积极承办，驾培领军企业东方时尚驾驶学校股份有限公司鼎力支持。

第三节　论坛盛况

时　　间: 2016 年 6 月 16 日至 6 月 19 日

地　　点: 北京国际会议中心

主　　题: 责任与安全

主办单位: 北京市机动车驾驶人培训行业协会、河北省机动车驾驶员培训行业协会、湖南省机动车驾驶员培训协会、安徽省机动车驾驶培训行业协会、山西省机动车驾驶员培训行业协会、内蒙古机动车驾驶员培训行业协会、广州市机动车驾驶培训行业协会

承办单位: 东方时尚驾驶学校股份有限公司、北京京安驾驶人安全与素养研究院

支持单位: 公安部道路交通安全研究中心、中国道路交通安全协会、人民交通出版社股份有限公司

与会人员: 公安部交通管理局、交通运输部运输服务司相关领导、行业专家, 中国驾驶员培训行业协会(筹)发起单位, 多家行业主流驾校负责人, 美国、英国、日本、韩国、瑞典等国家机动车驾驶培训机构的管理者及行业从业人员近 500 人

媒体支持: 得到了新华社、人民日报、经济日报、中央电视台、北京电视台、北京交通广播、新华网、新浪网、搜狐网、腾讯网、凤凰网、百度、优酷网、网易视频等多家媒体的大力支持。

新华网对本次论坛进行了现场直播, 累计发稿 19 篇; 中央电视台、北京电视台对论坛进行了专题报道; 到场媒体累计发稿量超过 40 篇。论坛结束后, 其他媒体进行了广泛的转载, 累计转载量超过 400 篇, 视频点击率超过万次, 论坛相关内容点击率超过 300 万次。

第四节　论坛成果

一、交通安全、驾驶文明，形成高度共识

交通安全是全行业、全社会的终极诉求，也是驾驶培训行业的原生使命。在首届机动车驾驶人培训与道路交通安全国际论坛上，“责任与安全”理所当然地成为主旋律。

当前许多国家都已进入汽车社会，中国更是一个极具代表性的缩影。随着汽车保有量、汽车驾驶人爆炸式的攀升，道路交通安全形势更为严峻。

在这样的背景下，有关交通安全的讨论成为本次论坛上基调最纯粹的命题，而驾驶培训考试是道路交通安全的第一关口、第一防线，需要全行业、全社会高度重视。因此，与交通安全直接相关的汽车驾驶培训行业，被赋予更多、更高的社会责任。

不仅如此，本次论坛的更深一层共识是：交通安全与驾驶文明息息相关，而驾驶文明的形成，是驾驶培训阶段的重要内容，驾驶人安全文明素质的培养是全社会共同的责任。

以瑞典为例，其提出的“交通事故零死亡的愿景”带动道路交通安全情况明显好转，得益于瑞典政府在理念上把人的生命放在工作最核心的位置、把安全意识放在第一位，并以此设立相关标准。

中国交通运输部相关负责人提出，驾驶文明是驾驶人综合素质的体现，它包括牢固的安全意识、良好的文明素养、严格的守法观念、必要的驾驶技能等，而这些都应是新时期驾驶培训环节的重要目标。

以闫文辉为代表的中国优秀驾培企业负责人呼吁，尽快转变驾驶培训为“素质教育”，将驾驶培训纳入素质教育体系中，得到论坛各方的高度认同。

美国加利福尼亚驾校总裁 Carl F. Beatty 推崇预防性驾驶系统，认为驾校应致力于帮助学员养成良好的驾驶习惯，凭借主动的安全意识，从根本上降低事故风险。

可以说，论坛各方关于交通安全、驾驶文明的空前共识，奠定了首届论坛立意高远、使命重大的主基调。

二、行业监管、企业自律，责任意识强化

首届机动车驾驶人培训与道路交通安全国际论坛上，与“安全”一样被着重强调的另一主题元素，是“责任”。

论坛发言环节上，无论是公安部、交通运输部等行业管理部门，中国道路交通安全、驾驶培训行业协会，还是驾培研究机构专家、驾培机构企业家，都在明确地强调“驾驶培训是交通安全的第一关口”的国际共识，传递出直面责任、勇担责任的时代心声。

由此衍生而来的，是各方主体如何看待责任、如何负起责任的命题。与行业实际相结合，这一命题就落脚到各国驾驶培训准入制度、驾培考试制度、教练员管理、驾培机构管理等一系列实实在在的子命题上。

顺延这样的思路，对于首届论坛主办方中国来说，论坛给我们打开了广阔的视野，比如：

瑞典驾驶培训系统的优势在于科学的课程设计，以目标为基础而不是以应试为基础，采取主动和专业的驾驶院校组织，在培训过程中引入强制性的风险教育。

英国采用自愿性的实际驾驶训练，但在路考当中引入更加严格的道路安全考核体系，可谓“宽进严出”。

日本拥有严格的驾校准入及培训标准、严格的驾校管理与督查制度，如果驾校培训的驾驶人造成了重大事故，驾校也负有连带责任，必须接受整顿。

而韩国的专业驾校制度给各国带来更多的启示。韩国将驾照考试工作委托给国家选拔出来的专业驾校，节省了国家人力及预算支出，同时也带来了一些弊端，因此不得不应用“学事管理系统”作为修正。

这些宝贵的经验、教训，无疑将给处于改革探索中的中国驾培行业，从制度设计、行业监管、企业运作等多方面带来有益的启示。

三、服务提升、科技应用，优秀经验共享

作为服务业的一种，驾驶培训行业面对的是千千万万的人，自然应把服务提升到相当高的位置。在激烈的市场竞争中，如何既保证严格执行驾培标准，又提升优化对学员

的服务质量，是驾培机构必须面对的问题。

在这一方面，中国伴随着《关于推进机动车驾驶人培训考试制度改革的意见》的落实，正在通过自主预约培训、自主选择教练、提供多元学习方式、自由选择付费方式、畅通监督评价渠道等一系列措施的推行，使“提升服务”的效果越来越多地显现出来。

英国驾驶人培训与考试项目也独具特色，更多的是互动型、以学员为核心，学员可自愿选择额外支付资金接受培训。

新技术、新设备的推广应用，也将有效地提升行业服务水准。例如瑞典优化道路交通设计，应用新的交通安全支持系统和技术；韩国 400 多家驾校使用电子化系统，通过指纹打卡等手段，杜绝了学时造假等不正当行为。

同时，一些新鲜的理念在实际应用中产生了不同的效果，也成为本次论坛上非常值得研讨的环节。比如荣安驾校在上海率先推出“先学后付”，以及在韩国推行预约训练、一对一训练。

对此，论坛专家分析，在新的服务措施推行时，除良好的初衷之外，还应结合各地社会经济等实际情况，因地制宜、循序渐进地进行。

论坛专家一致认为，各国现实条件、交通法律法规等各不相同，提升驾驶培训服务的手段和形式没有统一定论，但最终，教授学员扎实的驾驶技能、自觉的安全意识、文明的驾驶习惯，是驾培机构对学员、对公众、对社会提供的最有价值的服务。

第二章

领导致辞实录

Chapter 2

Leadership Speech

第一节 道路交通安全
——我们共同的责任和追求

■ 王 强
■ 公安部交通管理局副巡视员

摘 要

驾驶培训是培育塑造驾驶人的重要基础，驾驶培训机构是驾驶人培训的起点，驾驶考试是驾驶人准入的第一道关口。作为驾驶人考试主管部门，公安部交通管理局对驾驶人培训行业提出期待，抓住深化改革的契机，围绕安全文明核心要求，进一步转变培训理念、创新培训方式；对各级公安交通管理部门提出要求，优化完善考试内容、严格执行考试标准，推进考试阳光透明，打牢驾驶人准入关，同时呼吁全社会共同努力，增强规则意识，大力传播文明理念，树立法制精神，建立驾驶人终身教育制度和教育体系。

各位嘉宾，女士们，先生们：

大家上午好！

首先我代表公安部交通管理局，对“首届机动车驾驶人培训与道路交通安全国际论坛”的隆重召开，表示衷心的祝贺，对国内外专家、贵宾的到来，表示热烈的欢迎并致以崇高的敬意。

道路交通安全是当今社会人们共同关注的民生话题，也是世界各国公共安全治理的共同难题。近些年来随着经济社会的高速发展，中国正在快速进入汽车社会，机动车和驾驶人呈排浪式的增长，每年新登记的汽车2000多万辆，新增驾驶人3000多万人。截至目前，中国机动车保有量达到2.86亿辆，驾驶人总量已达3.39亿人，亿万家庭拥有了汽车。与此同时，中国的道路交通安全也面临巨大的挑战和考验。一方面是安全之痛，交通事故死伤人数仍然很大，寻常的道路交通事故时有发生，车祸已成为和平年代对人民群众最直接、最现实的安全威胁。另一方面是文明之失，交通陋习仍然较为普遍，交通违法行为常见多发，交通安全事故频出，驾驶人的安全文明素质亟待提升。为适应中国汽车社会的发展速度，确保道路交通安全形势的稳定好转。近年来，我们紧紧围绕驾驶人这个交通安全的核心要素，在改进培训、严格考试、提升素养等方面做出了诸多努力。去年公安部、交通运输部联合推出了机动车驾驶人培训考试改革制度。第一次从国务院的层面进行部署推进，其重要目标就是通过创新制度培养安全文明的驾驶人。

此次论坛将“责任与安全”作为主题，非常契合驾驶人培训的核心精神和现实需求。而且论坛邀请了许多国内外的专家、学者，为大家思想交流碰撞、知识交叉融合、理念融会贯通搭建了很好的平台，必将对中国道路交通安全工作起到积极的推进作用。

驾驶培训是培育塑造驾驶人的重要基础，我们期待驾驶人培训行业，紧紧抓住这次深化改革的契机，围绕安全文明这一核心要求，进一步转变培训理念、创新培训方式，建立依托由安全文明驾驶的知识、技能意识为一体的规范化教学体系，建设一支正规化、专业化、职业化的高素质教学队伍。创造一批理论与实操相结合、线上与线下相结合、模拟与实际相结合的多元化模式。使学员不仅练成过硬的驾驶技术，更养成优秀的驾驶品行和意识，真正实现从应试培训向素质教育的转变。驾驶人培训机构是驾驶人培训的起点，我们希望驾驶人培训机构立足培养安全驾驶人的使命与初衷，保持担当精神。在创造经济效益的同时，更加注重承担社会责任；在提供教学服务的同时，更加注重维护交通安全。为学员上好开车第一堂课，系好驾驶第一粒纽扣，真正培训出具有规范操作技能、安全守法意识、文明谨慎习惯的合格驾驶人。

驾驶考试是驾驶人准入的第一道关口。我们要求各级公安交通管理部门，要紧密结合交通安全形式发展的需要，优化完善考试内容、严格执行考试标准，推进考试阳光透明，依法用好驾驶考试这一指挥棒，发挥好驾驶能力和意识培养的导向作用，打牢驾驶人准入关，筛选出合格的驾驶人，不断提升新驾驶人的安全文明素养。

驾驶人安全文明素质的培养是全社会共同的责任。我们呼吁政府部门、行业企业、社会团体、媒体媒介等众多社会力量，对道路交通安全、对驾驶人安全文明素质再多一份关注、多一份责任，增强规则意识，大力传播文明理念，树立法制精神，建立驾驶人终身教育制度和教育体系。

中国近代政治家、教育家梁启超先生说过“人生须知负责任的苦处，才能知道尽责任的乐趣。”只要我们大家勠力同心、共担责任、坚持不懈，就一定能够形成安全文明、守法礼让的驾驶风尚，构建起安全、有序、畅通的道路交通环境，确保人民群众出行平安快捷，为平安中国做出更大的贡献，这是我们共同的责任和追求。

最后预祝论坛圆满成功，谢谢大家！

第二节　加强驾驶员源头管理 确保道路交通安全

■ 樊汉国
■ 中国道路交通安全协会常务副理事长

摘　要

中国道路交通安全协会倡导行业人员通过论坛平台，共同为规范驾培行业、倡导社会责任、提升全民交通安全意识、预防和减少道路交通安全事故、推动文明驾驶和汽车文化发展出谋划策。

女士们，先生们，朋友们：

上午好！

很高兴参加"首届机动车驾驶人培训与道路交通安全国际论坛"。我谨代表中国道路交通安全协会，向莅临本次活动的各位来宾、各位朋友表示诚挚的欢迎！向长期以来关心、支持道路交通安全事业发展的单位、企业、媒体朋友们，表示衷心的感谢！对此次活动的顺利启动表示热烈的祝贺！

当前，随着我国经济社会的快速发展和人民生活水平的不断提高，汽车快速进入了千家万户，我国已经成为名副其实的汽车社会。我们在享受着汽车给我们的生活、工作和各种社会活动带来的快捷和便利的同时，交通拥堵、道路交通事故、大气污染等诸多问题也日益凸显。全社会的交通安全理念、交通文明意识和整个道路交通安全事业的发展还不相适应，不文明的驾驶行为还比较突出，交通安全宣传工作任重道远。

一直以来，中国道路安全协会作为公安部直属的全国道路交通安全协会，在公安部交通管理局的领导下，坚持围绕交通管理中心的工作，充分利用社会资源，努力开展交通安全宣传教育和交通安全技术交流等交通安全社会化工作，不断探索在加强行业指导，引导行业规范、健康、有序发展方面，发挥应有的作用。此次我会参与举办以"责任与安全"为主旨的"首届机动车驾驶人培训与道路交通安全国际论坛"，是我会与相关行业协会组织整合社会资源、共同促进交通安全事业的一种方式。机动车驾驶员作为道路交通安全的重要参与者和主要责任主体，他们的交通安全意识和驾驶技能直接关系到广大道路交通参与者的安全。切实加强驾驶员的源头管理工作，全面提高驾驶员的交通安全素质十分重要。这不仅需要政府相关部门在法规、政策、管理方面发挥作用，更需要全社会，特别是驾培行业的企业从业人员的努力。

因此，举办这次论坛的主要目的就是为大家提供这样一个平台，共同为规范驾培行业、倡导社会责任、提升全民交通安全意识、预防和减少道路交通安全事故、推动整个社会文明驾驶和汽车文化的发展出谋划策。我相信通过此次活动的开展，必将对增强驾培行业的责任意识、提高服务品牌、推动驾培改革、促进行业发展起到良好的推动作用。

女士们,先生们,保证道路交通安全、有序、畅通,为和谐社会创建守法、安全、文明的交通环境,促进经济社会更好更快的发展,是每一个驾培行业人的共同责任。让我们携手并肩、履行义务、担当责任,为中国的道路交通安全和谐有序的发展,做出我们应有的贡献。最后预祝论坛圆满成功,谢谢大家!

第三节　如何培养安全文明的驾驶员

■ 王水平
■ 交通运输部运输服务司巡视员

摘　要

安全文明的驾驶员需要具有牢固的安全意识、良好的文明素养、严格的守法观念，要掌握必要的驾驶技能和基本的应急常识。而机动车驾驶培训机构在培养安全文明的驾驶员和保障道路交通安全方面，发挥着至关重要的作用。

交通运输部将推出一系列改革措施，进一步提升驾驶培训行业的培训质量和服务质量。包括严格教练员管理、制定教学标准、强化教学行为监管、健全驾培机构培训质量考核机制；规范行业监管、规范驾培机构经营行为、提升服务水平、保障学员的自主选择权和监督权等。

尊敬的各位嘉宾，各位代表，女士们，先生们：

大家上午好！

很高兴能够应邀参加今天的国际论坛，与大家在这美丽的北京相会。在此，我谨代表交通运输部运输服务司对论坛的召开表示热烈的祝贺！对各位远道而来的国内外同仁和来宾，表示热烈的欢迎！

今天，对于参会的每一位来宾来说，都是一次非常难得的机会。让我们能够与来自国内外的众多机动车驾驶员培训行业的专家和同仁，一起来围绕驾驶员培训与道路交通安全进行深入广泛的交流。相信接下来这两天来自不同国家、不同地区思想的交流和碰撞，一定能够为机动车驾驶员培训行业的发展带来新的理念，让我们分享学习到更多、更先进、更有效的关于机动车驾驶员培训的教学与管理的经验和做法。应该说这些年，我们在机动车驾驶员培训上吸收了很多世界上先进的理念和一些很好的做法。比如说，要按照规范的大纲来进行培训、计时培训计时收费、重视安全文明驾驶习惯的养成、重视危险源的辨识等。这些都是一些行之有效的经验和做法。我相信，通过本次论坛，通过来自世界各国的行业大咖给世界带来的精彩分享，一定会更好地促进我们国家乃至世界各国的机动车驾驶员培训事业的健康发展。我们也要感谢论坛的主办方，为我们搭建了这个国际的交流与合作的平台，让我们能够同时与这么多位专家来探讨我们的责任，借鉴国外驾驶员培训中先进的理念和做法。

本次论坛规模大，层次高，为了办好本次论坛，主办方制订了详细的方案，做了大量耐心细致、卓有成效的准备工作。应该说为我们各位专家创造了非常好的条件。从参会专家的邀请、协调到论坛的日程安排、会务服务、人员接待等，都进行了精心组织和周密安排。应该说为我们会议的顺利召开，奠定了非常好的基础。让我们对论坛的主办方付出的辛勤努力，表示衷心的感谢！

今天论坛的主题是“责任与安全”，我认为它充分体现了机动车驾驶员培训的真谛，以及它与道路交通安全的内在联系。众所周知，培养安全文明的驾驶员是道路交通安全发展的重要保障。特别是我国刚刚进入汽车社会，汽车保有量从1995年的1000万辆，到2012年突破到一个亿，一直到2015年年底，我们的汽车保有量已经达到了1.72亿辆。我们在这短短20年的时间里走完了发达国家近百年的汽车社会发展历程。机动车驾驶从职业的技能，转向了生活的技能，成为了人们社会生活的一个生活技能，机动车成为了我们的代步工具，这种转变经历的时间太短。因此，虽然我们国家汽车保有量已经位居世界第二，但是广大交通参与者尤其是机动车驾驶员的安全文明理念还远远没有适应汽车社会的发展。正像主持人开场白讲的那些现象，实际上在我们身边能够经常见到。所以，如何适应我国汽车社会的飞速发展，通过什么样的途径培养安全文明的驾驶员，怎么样培养这样的驾驶员，成为今天摆在我们驾驶培训行业面前的一道非常重要的课题，这也成为今天我们在座的各位义不容辞的重要责任。

一、什么样的驾驶员才是安全文明的驾驶员

首先，什么样的驾驶员才是安全文明的驾驶员？能开车就是文明的驾驶员吗？不尽然。机动车驾驶，它除了要会开车，更重要的是要有安全的理念、文明的意识，特别是要有良好的习惯，这是一个综合的体现。所以，我认为安全文明的高素质驾驶员，至少应该具备五个方面的基本条件。

第一，是要有牢固的安全意识。驾驶员的安全意识是安全行车的首要因素，安全意识不是抽象的，而是有具体的体现，特别是在驾驶员的具体行为上面。比如说上车第一件事要系安全带，车辆的行驶过程中，要注意观察周边的信号灯等。这些都体现了一个城市的文明程度，因为我们每一个驾驶人的行为都在影响着一个城市的形象。去年我有幸到了我们江苏的徐州。我在一个多小时的行程中，观察了我周边行驶车辆驾驶员的情况。我居然在一个小时的时间里没有发现一个不系安全带的驾驶员。为这个事情我专门跟徐州的市长做过沟通："我发现你们这个城市的驾驶人都系着安全带"。他说："是，我作为市长已经连续抓了几年驾驶员的行为，尤其是抓要系安全带"。

所以我感觉到驾驶员系安全带的行为，体现了他的安全意识，也体现了这个城市的文明程度。安全意识的培养，必须贯穿于我们驾驶员培训的始终。驾驶员在驾驶过程中，除了要有基本的驾驶技能，对于特殊天气下，特别是夜间和恶劣天气，如何有意识地采取一些针对性的措施等，都是我们的驾驶文明，或者是驾驶素质的基本要求。使安全驾驶标准变成良好的驾驶习惯，习惯的驾驶操作符合安全标准，形成无意识地合理操作车辆的习惯，这就是文明素质的第一要素，所以要有牢固的安全意识。

第二，是要有良好的文明素养。强化文明、礼让驾驶的意识，培养优先通行权与安全礼让的道德意识，形成尊重行人、敬畏生命、遵循公共道德的驾驶习惯，在全社会积极营造文明有序的行车环境，这也是提高道路通行效率的必然要求。有不少的城市提出了要敬畏人行道，敬畏斑马线，实际上就是社会在呼唤我们驾驶员的文明素养。

第三，是要有严格的守法观念。对法律法规的敬畏之心，是维护社会公共秩序的基本要求。要严格遵守交通法律法规，强化驾驶员的安全意识、规则意识，养成遵守交通规则的良好习惯。要熟练掌握道路交通安全的法律法规、交通信号等相关知识，具备各种实际道路行驶时有效辨识、遵守各类道路交通信号和标志标线的基本能力。我们常说“黄线就是一堵墙”，但是我们可以看一看，在北京的道路上，有多少驾驶员天天在“撞墙”。所以，守法的观念是驾驶员的基本素质。

第四，是要掌握必要的驾驶技能。要掌握一般道路、夜间道路和特殊气象条件下的驾驶要求，特别是紧急状态下的处置方法和理念。要正确理解速度与危险度之间的关系，速度越高危险度越大，尤其是达到一定速度后，危险度的系数会成倍地增加。因此，遇到紧急状况，首先如何把车速降下来，成为我们驾驶员必须掌握的基本技能。速度决定了一个车辆的危险程度，这个不言而喻。所以在紧急状态下，如何首先把车速降下来，成为我们驾驶员的第一要务，因为汽车技术的发展，在保障车辆降速的过程中，通过 ABS，使得你的方向还能够转向，所以第二要素是避让。这个程序应该成为我们所有驾校的理念，校长和教练员一定要把这个理念灌输到我们的驾驶员的身上。

第五，是要有基本的应急常识。要对车辆的结构，主要的安全装置、操纵机构、车辆性能，都要有一个基本的了解。掌握紧急情况下的应急处置、伤员急救和常见危险品的辨识方法，以及紧急情况下高速公路驾驶避险的常识，最大限度地减少发生道路交通事故的二次伤害。我认为有必要让我们的培训机构探索一下让我们商用车的驾驶员通过特殊的培训，成为应急救援的志愿者。因为往往紧急事故发生之后，抢救人是第一要务。而救护的常识、心脏的复苏，以及特殊情况下的救援常识，应该是我们商用驾驶员掌握的基本要领。当我们有3000万的驾驶员能够成为我们应急的志愿者的时候，我相信事故发生之后，我们很多的志愿者，就会在第一时间到达现场进行施救。所以，我在这里也倡议我们在座的这些机动车驾驶员培训机构，能够拿出一些精力，将安全救护、应急救护、心脏复苏等方面作为专项，对我们商用车的驾驶员进行培训，使得他们具备应急的知识。

二、通过什么途径来培养安全文明的驾驶员

那么，通过什么途径来培养安全文明的驾驶员？机动车驾驶培训不只是简单的技能培训，不仅要将其放在缓解城市交通拥堵、维护良好道路通行秩序、提高整个社会效率的大环境中统筹考量，更要将其放在保证整个社会道路交通安全的大背景下来统筹考量。当前机动车驾驶培训机构，是驾驶员系统接受道路交通安全教育、学习道路交通法规、了解道路安全知识的主要渠道。根据我们目前的实际情况，我们认为，机动车驾驶培训机构无论是在培养驾驶员安全文明的行车理念和驾驶技能方面，还是在保障整个社会道路交通安全方面，都发挥着至关重要的作用，不可或缺。机动车驾驶培训机构应该是社会公众学习机动车驾驶的主要阵地。我们要在全社会倡导这样一种理念，那就是进行驾驶培训不仅仅只是为了考取驾驶执照，更重要的

是为了明白如何才能安全文明地驾驶车辆。这也是我们机动车驾驶培训的最终目的。

截至2015年年底，我国共有机动车驾驶培训机构1.5万多所，教练员81.9万人，教练车68万辆。全国机动车驾驶培训机构年培训量，超过了2600万人次，是2006年的2.6倍，应该说十年增加了1.6倍。这较好地满足了人民群众学习驾驶的需求，也保障了汽车社会的健康发展。

机动车驾驶培训机构具有专业的师资队伍、完善的设施设备。为学员系统学习道路交通安全法律法规和汽车专业知识、掌握驾驶技能提供了良好的条件。我听说昨天我们国际上的朋友们，专门看了我们两个驾校。东方时尚是我们中国的骄傲，它是我们中国规模最大的一个驾校。我听说还有一个小的驾校，小的驾校可能更代表我们普遍的现实情况。

机动车驾驶培训机构的教学系统、规范，符合驾驶技能形成规律，能够培养学员形成良好的安全文明行车意识和理念，掌握安全文明的驾驶技能，这对提升整个社会道路交通安全水平、缓解城市交通拥堵、维护良好的道路交通秩序，意义十分重大。机动车驾驶培训不仅承担着保障道路交通安全和人民群众生命财产安全的社会责任，同时也承担着保障民生、服务民生，更好地满足社会群众不断增长的学驾需求的社会责任。因此，机动车驾驶培训机构，一方面要保证培训质量，另一方面也要不断提高服务质量。我们行业管理部门也始终把提升培训和服务质量作为引导机动车驾驶培训行业健康发展的重要目标。特别是从去年开始，我们会同公安部下发了培训与考试改革相关的制度，提出了一系列的改革措施。核心来讲，就是通过这些措施，来进一步提升驾驶培训的培训质量和服务质量。

首先是规范培训的提升。事实充分证明，规范的培训是保证培训质量的重要前提和基础。机动车驾驶培训质量的提升，对于改善整个道路交通安全水平的作用十分明显。据统计，2011年至2015年间，我们的驾龄在三年内的驾驶员的违法肇事率以每年3%的幅度逐年下降。这与我们行业这些年始终坚持倡导将安全文明意识的养成贯穿于驾驶培训的全过程是密不可分的。下一步，我们仍然要将提升机动车驾驶培训的质量作为我们的主要工作内容：严格教练员的管理，制定教学标准，强化教学行为的监督管理，规范教练员的教学行为。我们要和公安部一起，来修订《机动车驾驶培训教学与考试大纲》，更加合理地制定培训与考试的内容、标准以及驾驶培训的基本学时。督促机动车驾驶培训机构使用符合教学大纲要求的规范的培训教材组织教学，确保培训教学的内容和质量。机动车驾驶培训机构要经常分析培训、考试中学员存在的方方面面的问题，特别是要对没有考取驾照这些人的一些行为进行深刻的分析，分析他们的原因，研究相应的对策，形成反馈机制，指导教学的改进。我们每一个驾校的校长，都应该成为成人教育的专家。健全机动车驾驶机构的培训质量考核机制，建立信用档案和违法违规的信息披露制度，引导学员选择质量高、服务好的驾驶培训机构进行学习。促使机动车驾驶培训机构，提高自身的实力，确保培训质量。

其次是服务质量的提升。一方面，强化政府部门对企业的服务意识：进一步规范我们行业的监管，按照国务院的部署，我们对驾校的准入进行改革。今后就是“先照后证”，凡是符合机动车驾驶培训机构开业条件的，我们都不加以限制，取消各种非行政的壁垒。另外，保障机动车驾驶培训机构的自主经营权。机动车驾驶培训机构，要按照市场的需求和培训能力，自主安排招生、培训；根据需要自主决定增减和调整教练车，聘用和辞退教练员；根据车辆的实际情况科学合理地确定教练车的维护周期，按照国家规定，自行组织结业考试，发放结业证书。驾驶培训费用实行市场调节价。机动车驾驶培训机构自主确定合理的收费标准，明码标价在服务场所或互联网上公开费用项目和标准，定期公开驾培市场的供求信息，行业管理部门建立市场调查和分析制度，定期公开驾培市场供求信息，引导社会资金理性进入驾培市场。

另一方面，规范机动车驾驶培训机构的经营行为，提升服务水平，充分保障学员学驾的自主选择权、监督权。

一是便捷学员预约培训，机动车驾驶培训机构要为学员提供电话、网络等多种预约方式，自主预约培训时段、选择教练员。二是为学员提供多元化的学习方式。机动车驾驶培训机构在落实基础培训的基础上，提供多种培训服务方式供学员自主选择。学员可自主选择增加学时和内容，满足个性化、差异化的需求。三是学员可以自由选择付费方式。改变机动车驾驶培训一次性预收全部培训费用的单一模式。实行按学时收费、先学车后付费的收费模式，同时为学员提供现金、银行卡和网上支付等多种支付方式，方便学员选择学车付费方式及途径，让学员明白消费。四是畅通学员和监督评价渠道。建立以学员为主的教学服务质量监督评价体系，让学员真正参与到驾驶培训监督管理过程中来，从根本上促进驾驶培训服务质量的提升。

“汽车社会呼唤行车文明”，让我们共同携手努力，为机动车驾驶培训行业的健康发展，为整个道路交通安全形势的不断好转，贡献自己的力量。我希望大家能够把本次论坛，作为行业间开展共同交流的平台、相互学习借鉴的平台、共同发展合作的平台，进一步加强世界各国机动车驾驶培训行业间的国际交流，促进各国行业间沟通合作。今天的论坛是首届，我希望我们的合作能够持续地延续下去。通过这个平台，来相互交流，促进各国行业间的沟通合作。我相信，本次论坛必将促进机动车驾驶培训行业可持续发展，为机动车驾驶培训行业开创更加美好的未来！

最后，再次预祝本次论坛取得圆满成功！祝各位嘉宾工作顺利、生活愉快、身体健康！谢谢大家！

第三章

嘉宾精彩演讲

Chapter 3

Guest Speech

第一节　瑞典机动车驾驶培训观念的转变及培训方法

■ Rolf Bogmark（罗尔夫·伯格马克）　瑞典

■ Eksjo驾驶学校负责人
瑞典交通培训网负责人

Rolf Bogmark（罗尔夫·伯格马克），一直从事消防救援服务和救护车工作，并负责为救护车、警车和消防车司机进行驾驶培训和教育。1990年，罗尔夫开设了自己的公司，为机动车驾驶人和公司企业提供驾驶培训。自2001年以来，罗尔夫开始担任瑞典交通培训网的负责人，同政府合作开展驾驶培训和驾驶安全方面的工作，他的公司涉及机动车驾驶人教育工作的各个方面。

摘　要

瑞典国会于1997年提出了“交通事故零死亡的愿景”，并带动瑞典的道路交通安全情况明显好转。这得益于政府在理念上把人的生命放在工作最核心的位置，把安全意识放在第一位，并以此设立相关的标准。

在实际工作中，瑞典优化了道路交通设计，采用了新的交通安全支持系统和技术，在一些主要交通运输公司中开展工作，提升专业驾驶员的技能和安全意识，同时加强校车驾驶员等的培训。瑞典还对道路的使用者开展全面的交通安全教育，在驾驶人培训的过程中引入强制性的风险教育。

瑞典驾驶培训系统的优势在于科学的课程设计，以目标为基础而不是以应试为基础，很好地结合了专业教练和一般教练的教学形式，采取了主动和专业的驾驶院校组织，并强制要求进行B级驾驶风险训练。

一、瑞典的交通事故零死亡愿景

（一）瑞典在道路交通安全方面的成就

瑞典历年来的机动车数量和交通事故死亡人数

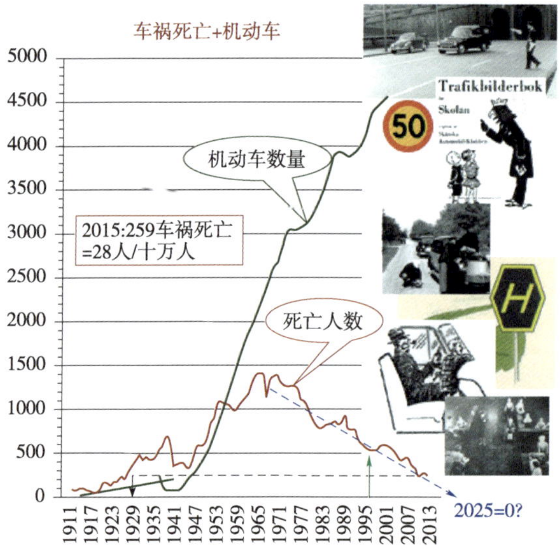

瑞典国会于1997年提出了“交通事故零死亡的愿景”，期望未来因车祸导致的死亡和严重伤害人数降低到0。在这样的愿景下，瑞典的道路交通安全情况有了明显好转。

瑞典的汽车数量不断增加，但是在交通事故当中死亡的人数在不断地下降，这是非常好的一个趋势。从2015年的车祸死亡人数可以看出，死亡率已经很低，这就是瑞典在交通行业取得的成就。

部分国家和地区的交通事故死亡率（万人交通事故死亡人数）

瑞典的交通事故死亡率为每10万中有2.8人，与其他国家相比，这是比较低的。

（二）瑞典在道路交通安全方面开展的工作

瑞典已开展多项工作，为实现交通安全而努力：

（1）把人的生命放在工作最核心的位置上，肩负起责任，在系统的设计者和使用者之间，形成一种良性的互动关系（在欧洲很多国家都采取这种方式，以便更好地控制事故的发生）。

（2）把安全意识放在第一位，把驾驶人的错误摆在第一位，以便提升他们的驾驶责任心，并以此设立相关的标准——这些工作是一体化的系统概念。

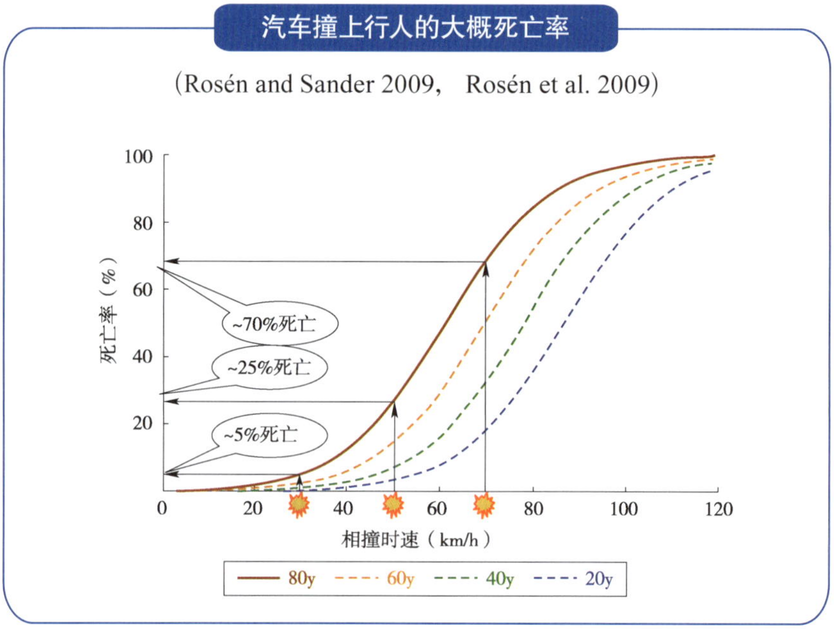

随着汽车速度的提高，被撞击行人的死亡风险就更大，这是一个常识。

为了处理这方面的问题，瑞典优化了道路交通设计：

（1）提升行人过街的安全性，同时消除路侧一些可能影响安全的障碍。

（2）设立新的限速标准。

（3）将人行道、机动车道分开，增加行车道的分离。

（4）把一些比较危险的交叉口重新进行设计，同时在路中间设立隔离带，以避免对向车引起的撞击。

同时，瑞典还采用了新的交通安全支持系统和技术：

（1）车道偏离预警措施、紧急制动和剧烈转向的辅助支持措施等。

（2）使用儿童变向安全座椅、安全头盔新技术。

(3)提升道路的安全探头技术，加强了警方的监控。

对于道路的使用者而言，瑞典在一些主要的交通运输公司当中开展工作，提升专业驾驶员的技能和安全意识，同时加强校车驾驶员等的培训。瑞典还对道路的使用者开展全面的交通安全教育，同时在驾驶人培训的过程中引入强制性的风险教育。

二、瑞典驾驶人培训与考试概况

(一)瑞典驾照申领条件

在瑞典申请驾照需具备以下六个条件：

(1)是瑞典永久居民或至少近六个月内在瑞典学习。

(2)18岁以上。

(3)拥有有效的学习执照。

(4)已经通过强制性风险教育课程。

(5)已经通过测试(理论和实践部分)。

(6)没有他国驾照(EES地区)，如果拥有他国驾照可换为瑞典驾照。

（二）瑞典驾驶人培训流程

瑞典驾驶人培训的流程规定是16岁开始允许进行练习，但是到了18岁才能核发驾照。

(1)正式培训开始之前要获得学习执照，参加三个学时的介绍课程，内容包括三个部分：加试课程的目标和内容、如何规划驾驶的课程以及交通安全和环境的重要因素。

(2)而后自由选择职业培训教练或一般培训教练，对陪伴驾驶的教练有如下要求：必须年满24周岁，在过去的10年中至少有5年持有驾驶执照，同时拥有熟练的驾驶能力且已经接受过B类课程。

(3)最后要接受强制性风险教育。强制性风险教育包括两个部分，第一个部分是三个学时的理论教育，主要是关于酒精、其他药物、疲劳和其他风险因素的教育；第二个部分是三个学时的实践教育，主要是关于特殊条件的驾驶，比如在湿滑路面的驾驶等。

（三）瑞典驾驶人考试流程

B类的统一考试可视作为一个单独的测试，它由两个部分组成，首先是理论测试，然后是实践测试。两个测试同时进行预约，在同一天或者相邻的两天进行，其中必须包括风险训练，而且这些风险训练必须在测试之前已经完成。已通过的理论测试或实践测试的有效期为两个月，如果在这两个月内没有完成剩余测试，就必须重新进行全部测试。

三、瑞典驾驶人培训的经验与收获

（一）瑞典驾驶培训系统的优势

(1)它是基于科学的课程设计，它的课程是以目标为基础的，而不是以应试为基础的，安全和环境有更好的优先级别。

(2)很好地结合了专业教练和一般教练的教学形式，这种方式已经是具有16年历史的传统。

(3) 瑞典采取了主动和专业的驾驶院校组织。

(4) 在瑞典有安全大厅，设有碰撞重量标尺，安全气囊，翻滚汽车，儿童座椅坐姿，颈部支撑，ABS 刹车，轮胎、视频等设备，学员经过 B 类课程的学习和风险培训之后进行培训的实践。

（二）驾驶安全研究得出的结论

(1) 学员需要培养自己理解风险的能力，这样他们才能够对风险做出正确的判断和应对。

(2) 通过讲解的方式教授学员在风险紧急情况下的正确处置方法，收效不大。

(3) 学员需要一种预先防止被卷入到风险状态中的意识，由此增加更多的安全风险意识。

（三）瑞典驾驶人培训的目标

(1) 对于自己的动机、行为、能力有深刻认知，对危险行为后果具有反应能力。

(2) 做出正确和安全的决策——何时，在哪里，在什么条件下来进行驾驶。

(3) 了解不同的交通状况中什么样的行为是安全的，什么样的行为是危险的。

(4) 在培训过程中主动应用保护系统，在保证安全的情况下进行驾驶，体验各种交通情况。

(5) 对汽车有基本的控制技术，同时对交通规则有基本的掌握。

（四）瑞典特色的驾驶风险训练

瑞典的培训中有一项 B 级驾驶风险训练，这项训练的目标不是让学员掌握如何在湿滑地面驾驶和处理紧急情况，而是让学员对于车辆的失控过程产生切身的体会，感受如何在真正的湿滑路面控制汽车，分析没能成功控制住汽车的原因以及怎样避免这类情况的再次发生。

第二节　英国驾驶人培训及交通安全状况

■ Paul Staple Anthony（保罗·史泰博·安东尼）　英国

■ 英国认证机动车驾驶人教练联合会主任
英国剑桥郡政府授权的阿康拜驾驶中心（ADC）经理兼首席讲师

Paul Staple Anthony（保罗·史泰博·安东尼）毕业于制动道路安全学院，1986年以来经营自己的驾校，英国驾驶人和车辆的标准局（DVSA）认证的驾驶人教练，拥有6级DVSA认证客货运输驾驶员教练的资格。2006年还获得了侧滑车培训的资格。他也是政府智囊团的成员之一，向政府相关部门提供关于驾驶教练的职业发展计划和驾驶培训行业方面的建议。

Paul担任英国认证驾驶人教练联合会的主任，该联合会是一个全国性的组织，负责处理成员遇到的问题，以及与政府协调有关驾驶人培训行业的相关事宜。还担任剑桥郡政府授权的阿康拜驾驶中心（ADC）经理及首席讲师，这是政府委托项目，引进了防滑训练，并开设防御性驾驶技巧、ABS/ESP制动技巧和车辆操控技巧的培训课程。同时该中心也为政府培训消防车和救护车驾驶员，以及培训警员成为DVSA认证驾驶教练，并向商业企业和普通公众提供驾驶人培训。

摘　要

在英国，驾驶理论培训、风险意识的培训都是强制性的，专业的实际驾驶训练是自愿性的，但路考是强制性的，通过考试后取得的驾照有两年的试用期。

围绕超速、酒驾、毒驾、不系安全带、开车时接打电话五个主要的道路安全问题，英国在路考当中引入了更加严格的道路安全考核体系。英国驾驶人培训与考试项目独具特色，更多的是互动型、以学员为核心，学员可自愿选择另外支付资金进行培训。今后，英国还将在国家的基础教育中增加道路安全的课程，以推进改革，适应新发展。

一、英国驾驶人培训与考试概况

(1) 英国国土面积较小，土地珍贵，要取得很大的练习场并不容易，学员非常珍惜在路上进行培训的机会。

(2) 理论培训是强制性的，在理论考试中，50 道选择题至少要正确完成 43 道才可以通过。风险意识的培训也是强制性的，培训过程中会播放一些有关安全事故内容的视频。通过这两个考试之后，有两年的时间进行路考，如果在两年之内未参与路考，则需重新进行理论考试。

(3)专业的实际驾驶训练是自愿性的,但大部分人都会选择进行这样的培训,该培训可以让家人或朋友指导。

(4) 路考是强制性的,需要按照不同的类型,不同的速度,不同的科目进行考试。路考过程中,考官会用一个路考的标准化表格进行打分,最终决定考生是否通过。

(5) 通过考试后取得的驾照有两年的试用期,实行扣分制,当一个计分周期内扣分达到一定程度后,必须重新进行学习。

二、英国驾驶人培训与考试制度的发展

英国有五个主要的道路安全问题:超速、酒驾、毒驾、不系安全带、开车时接打电话。这五个最主要的道路安全问题都源于驾驶人骄傲自满的情绪。英国政府通过政府教育、社交媒体、市场活动等各个层面的教育活动来提升整个社会驾驶人的安全意识。同时对道路交通安全的设施进行提升,在路考当中引入了更加严格的道路安全考核体系。

最初英国政府在欧盟的整个框架之内,驾驶人的培训比较宽松,考试并不严格。之后英国政府考虑到安全的问题,在整个考试的过程当中加入了更严格的、安全性更高的培训内容以及考试内容,包括不同驾驶速度的考试内容等。

20 世纪 90 年代时,英国在驾驶人的培训考试中引入了更多强制性的内容。2009 年,英国在新的行政指令下,又引入了新的驾驶人培训考试的模块,例如 CBT 模块,准摩托车的考试,刹车的训练等,路考的距离和时间都进行了延长。2013 年,在新的欧盟指令下,驾驶人不同年龄段取得执照的规定更加细化。

英国政府推出了一系列的改革计划,培训员希望能够在整个培训计划中降低一部分成本,所以他们采用更多沟通和互动的办法教导学员禁止毒驾、酒驾。最终通过一系列的方法让所有学员明白,湿滑路面降速以及开车接打电话、酒驾、毒驾带来的潜在隐患。

三、独具特色的驾驶人培训与考试项目

英国有一些自愿进行的教育和培训项目，学员自愿选择另外支付资金进行培训，例如Pass Plus。此类课程可以带学员在农村和湿滑道路上进行驾驶培训，使学员掌握遇到紧急情况后的正确处理方式。另外很多学员也会选择在拿到驾照之后的前几个月，付费要求教练在路上进行陪驾，这样可以让他们有更多的信心进行驾驶。此外的课程还包括夜间驾驶的实操，以及经济驾驶的课程。很多公司、机构选择付费进行节油驾驶模式的培训，以便在排放和油耗方面节约成本。

此外，英国还设有高级驾驶技术测试，此类测试是一种为更高级的驾驶人培训标准而设置的测试，皇家社会和机构都倾向于推动社会进行这种高级驾驶技能的测试，来防止更多交通事故的发生。另外还有职业驾驶的培训，包括风险、安全的驾驶培训，保险的培训，公司的培训。

四、推进改革，适应新发展

英国进行了一系列道路安全方面的改革，使驾驶学员能够有更好的路面情况：在驾驶培训和测试过程中应用更多的导航设备，同时也在考虑建立和增加路面的一些交通标志标识，并清除路障。

英国正在建立更全面的驾驶培训员标准，同时也在进行驾驶培训员的检查、测试和课程的设置。目前英国对驾驶人的教育并不是一个应试的教育，更多的是互动型、以学员为核心的教育，了解学员的需求和担忧，并把这些需求和担忧融入课程的设置过程中。今后英国希望在国家的基础教育中，增加道路安全的课程。

未来其他的改革还包括随着电动汽车的兴起，政府致力于在自动驾驶导航等可视设备的支持下，提高驾驶的安全性。

第三节　美国加州驾校发展史

■ Carl F. Beatty（卡尔·贝蒂）　美国

■ 美国加利福尼亚驾校总裁

Carl F. Beatty毕业于西方学院，心理学学士学位。1984年开始在加利福尼亚驾校工作，担任教练，通过不断努力工作逐步晋升，做了6年的培训主管，3年常务经理，11年驾校副总裁。2004年开始全面掌管加州驾校，并于2007年收购了加州驾校，担任总裁和董事长。在专注于驾驶训练和驾驶教育领域的同时，还积极参加各种社区事务。他是“全国残疾人教育协会”的成员，曾担任“加利福尼亚教育工作者分会”的主席，同时还是加利福尼亚驾校协会的副主席。

摘　要

卡尔·贝蒂先生认为，驾驶教学的目的，是教育学员提升安全意识，在真正的驾驶环境中自己承担责任。他推崇预防性驾驶系统，认为驾校应致力于帮助学员养成良好的驾驶习惯，凭借主动的安全意识，从根本上减少事故风险。

卡尔·贝蒂先生是美国加利福尼亚驾校的总裁，他对驾驶人培训有自己独到的见解。他认为驾驶教学不是教育学员如何应试，而是教育他们提升安全的意识，对所生活的世界负责。在真正的驾驶环境当中学员自己要承担起责任。除了驾驶技术之外还要加强安全意识。学习礼让，提高安全意识是最重要的。驾校要传达给学员这样的理念：一旦坐在驾驶人的座位上，就要肩负起驾驶人应有的责任。

“一盎司的预防胜过一吨的事后处理”，现在很多驾驶人已经具有了好的驾驶技术、好的头盔、好的安全带以及好的汽车技术，但这些都是事后的，只有凭借主动的安全意识把事故扼杀在摇篮里，才能从根本上解决事故风险问题。

对于驾驶人的态度，对于驾驶人的行为，要有一个负责任的底线，需要一个驾驶的标准。一年内每 5 个驾驶人中就有 1 个可以被起诉的事故，表明每 100 个人中间的 5 个人就会发生事故。不管是毒驾、酒驾或是分心、身体原因，事故的比例是惊人的，这些事故包括死亡事故、受伤事故和其他的一些事故。

驾驶习惯非常重要，不仅是为个人而开车驾驶，也要想到他人的利益，为他人而驾驶。

预防性驾驶系统有五个原则：第一个原则就是在转向的时候，尽量地去保持高的目标；第二个是看大的画面；第三个是保持眼睛的灵活和转动；第四个是给自己留一条出路；第五个是保证别人能看见你。这五个原则，能够帮助驾驶人来保证自己的安全，尤其是在一些并不好的驾驶状况和路况情况下可以在驾驶的过程中，保持一个积极的态度，同时能够保证安全的驾驶。

交通是由一组驾驶人开车组成的，这些驾驶人控制的汽车距离、方式、速度，都会对交通有极大的影响，所以一定要有非常好的驾驶知识积累。

眼睛提供了驾驶过程中需要的 90% 的信息，包括捕捉到的一些不可预测的突发情况信息。美国国家的安全委员会报告,每年五分之一的驾驶人会发生事故。通常情况下,当他们作出反应的时候已经太迟了。所以成为一个安全的驾驶人需要有非常好的风险安全意识。

有时跟车太近,驾驶人会失去对自己局面的掌控。前车如果是一个大的卡车,所有的视线都被大卡车遮住,失去了自己反应的时间和空间,把自己所有对车的控制都依赖于前车驾驶人的反应和反馈,所以保持车距是非常重要的,让自己能够及时停车、转向或减速。在不同的路况、轮胎以及车辆刹车系统下,刹车距离也是不同的,在湿滑路面至少要保持 100 英尺的刹车距离。因此,在驾驶培训过程中,要让驾驶人明白保持车距是为了进行安全驾驶,这样交通死亡事故才会避免,零事故、零死亡率的目标才有可能实现。

第四节　政府和民众协作共同防止（减少）交通事故

■ 小野尾光　日本

■ 日本千叶县鹰台汽车驾驶学校负责人
日本千叶县五井汽车驾驶学校负责人
日本千叶县指定驾校协会副会长

小野尾光，1977年在中央大学上学的时候拿到了普通车教官执照，并开始兼职做驾校教员。1978年大学毕业后，作为股东开始经营千叶县五井汽车驾驶学校。现在，他同时经营千叶县的鹰台汽车驾驶学校和五井汽车驾驶学校。他所在的驾校率先取得了为日本高龄驾驶人进行驾照更新的培训资格。他在“千叶县指定驾校协会”担任副会长10年以上，同时还在协会专门的教育委员会里担任教育委员长、教员基础考核的审查委员长等职务。

摘　要

日本拥有严格的驾校准入及培训标准，严格的驾校管理与督查制度。针对驾校的检查项目非常细致，如果驾校培训的驾驶人造成了重大事故，驾校也负有连带责任，必须接受整顿。

在老龄化程度较高的日本社会，针对70岁以上的老年驾驶人有更为严格的培训制度，并于2013年进行了一个新的驾照分类，增加了中型货车申请驾照的规定。

日本所有驾校都加入了日本机动车驾驶协会，协会承担相应的社会责任，把安全意识灌输给学员，同时也对驾校进行管理和监督。总体来说，日本特别注重加强法规约束，加大事故惩处力度，培养驾驶人的责任意识。

一、驾校的责任

驾校的主要作用有两个：第一个责任是对新手开展教育，这是任何一个国家的驾校都具有的功能；第二个责任是培养驾驶人责任与安全的意识。作为一名驾驶人，必须要具有安全和责任的意识，才能对社会做出贡献。作为驾校，要拥有责任才能培养学员有这样的责任感。

二、日本驾驶人培训与考试的做法

（一）严格的驾校准入及培训标准

(1) 驾校必须获得日本公安厅的许可，如果没有得到公安厅的许可也可以自己申请备案，但其所有的学员必须要去公安厅指定的考场参加考试。

(2) 要根据法律规定进行运营，经营者必须按照所有的规定来进行管理，具体来讲就是所有的教官必须通过国家的培训和考试，取得资格证书。

(3) 驾校使用的车辆以及进行模拟的机器设备必须是符合国家标准的，驾校的培训过程必须是符合国家规定的，学员必须经过国家规定的学习时间才能够获得驾照。

(4) 在教学的过程中，要求训练的道路环境与实际道路一致，急救训练需包括一些紧急救援、心脏复苏之类的简单的技能。

（二）严格的驾校管理与督查

日本共有 1200 所驾校，公安厅会随时抽查这些学校的教学水平，例如经营者的管理方式、教官指导学员的方式以及自身修养的学习、练习场的管理与维护、教学车辆的维修与保养等。在运营方面会检查驾校的执照是否更新，各种文件的许可是否正规。

公安厅对于驾校的检查项目非常细致，如果驾校培训的驾驶人造成了重大事故，那么该驾校也会有连带责任，必须接受整顿。在驾校对学员进行考试的过程中，政府也会派人随时在现场抽查。如果以上综合评价的结果不合格，政府会责令学校停止继续发放驾照，甚至之前发放的驾照还有可能被取消。

因此，一方面筹建驾校本身就不是很容易，另一方面要一直维持政府所要求的水平也需要很多的努力。但是一旦达到这些要求，学员的培训质量会非常好，99% 以上的学员都是一次性通过考试，所以想要一次通过考试的学员都会选择去国家指定的驾校学习。

（三）严格完善的交通法规制度

在日本，很多交通事故是由于驾驶人分神引起的，给很多家庭带来了巨大的负担和伤害，因此必须要制定更严格合理的制度和措施来约束这些驾驶人。日本的道路交通法通过一些规定，使刚拿到驾照的新手充分了解道路的风险，遵守交通规则，加强各方面技能的学习；同时还针对老龄化加剧这一国情，对交通法规进行了完善。驾校则针对亚洲发生的重大交通事故都进行案例分析，对学员进行针对性教学。通过全社会的共同努力，日本的交通事故在逐年减少，每年因交通事故而死亡的人数约为 16000 人，并在逐年减少。

（四）特殊驾驶群体的培训管理

1. 已有驾照驾驶人的继续教育

在已有驾照驾驶人的继续教育方面，驾校会针对企业进行驾驶方面的讲座，对于没有通过考试的人做一些单独的指导。驾驶人的种类很多，在持有驾照的这段时间内，如果因违章达到一定的分数就必须重新学习，甚至可能重新参加考试。

2. 老年驾驶人

驾校培训的主要对象除了新驾驶人以外，就是70岁以上的老年驾驶人。2011年以后，对于70岁以上75岁以下及75岁以上这两组年龄的驾驶人会有不同的培训。对于70岁以下驾驶人进行再教育培训的时候，醉酒驾驶的驾驶人和有一些轻微违法的人也会分类进行培训，这类人群被要求的培训的时间是不同的，没有技能上的指导。而对于老年驾驶人的培训，还包含教官对其做具体实操的指导。因为人到了一定年龄之后，动作缓慢，心脏的负担也会增加，所以需要这些老年人能够认识到这些问题，以此来减轻在日本经常发生的老年人驾驶事故。

2015年的4000多起交通事故中，有10%是老年人造成的。故在现有制度下，老年人需要每三年更换一次驾照，期间除了在驾校接受30分钟的认知测试外还需接受一个小时的实际驾驶指导。认知测试中如果发现驾驶人有一定的认知问题，就会被评为已经不适合参加培训。那他们还会接受30分钟的实际驾驶测试，总共要经过三个半小时的指导与测试。75岁以上的驾驶人需要经过30分钟的认知测试以及两个小时的驾驶指导。超过75岁并发生过事故，在不接受这个测试，且不能出示医生的证明的情况下，驾照就会被取消。

3. 中型汽车驾驶员

2013年，日本进行了一个新的驾照分类，增加了中型汽车申请驾照的规定。因为物流是日本国民的血液，影响到生活的方方面面，但中型货车驾驶员极为短缺，因此在新的货车驾驶员管理规定当中也有了相关的修订。在此次修订中，对于货车和不满20岁的年轻驾驶人以及老年人驾驶人驾驶技术学习方面有特殊的细化和规定。

三、日本机动车驾驶协会

（一）协会概况

日本 1290 所驾校都已加入了日本机动车驾驶协会。随着时代的发展以及道路交通法规的修订，每所驾校都进行了一些调整和努力，协会也在积极地针对法规的修订进行相应的调整。协会作为一个社团，在增加功能性和收益同时，也在承担相应的社会责任，坚决执行国家的法律法规，并且把这些意识灌输给学员，同时也对驾校进行管理和监督。

（二）协会与日本驾驶人培训发展史

1960 年，日本交通法实施，对驾驶证的样式进行了修改；1961 年，日本道路交通协会（含驾驶协会）成立；1966 年之后，有多达数万的学员参与到驾驶训练培训中。1972 年，尽管协会还是一个民营机构，但是相应的考试制度都开始实施。1986 年，新驾驶人培训制度化。1998 年，开始 75 岁高龄驾驶人的培训。2000 年，有了新增的驾驶人认定制度。20 世纪 50 年代，日本交通事故死亡人数为 16000 多人，2002 年降为 8600 人，数年之后降为 5600 人，在两年之后又降为 4600 人。从这些数据可以看出，随着日本进一步严格执行道路交通法律法规，交通事故死亡的人数在逐年递减。日本政府最终的目标是实现交通事故零死亡。

四、日本驾驶人管理的经验与思考

（一）加强法规约束

在日本，好的驾校培训不一定能完全避免事故，对于这些引发事故的人都有法律上的规定，除了民事以及刑事方面的，还有其他方面的惩罚。保险是强制性的，不管是个人还是企业必须强制性上保险。能够应用保险的事故，通常是造成了人身伤害，90% 的人除了强制性的保险之外，自己还要上一些其他的保险。

（二）加大事故惩处力度

交通安全除了要依靠驾校的努力外，还需要加大事故的惩罚力度。2016 年 1 月，日本发生了一次大客车事故，造成的死亡人数是 30 年来最多的，引起了社会的广泛关注。在此次事故之后，负责司机教育的交通省就责令对日本各家客车公司进行强化教育。运输、观光、物流等种类发生一次事故，整个公司的运营就会陷入瘫痪。正是因为政府对每一次事故都如此重视，对产生的严重后果惩处到位，日本国民也能充分认识到事故的严重性。

（三）培养驾驶人的责任意识

在任何一个国家要求每一个人提高安全意识是比较困难的。所以在最初申请驾照的学习中，就应该做好礼仪以及一些习惯方面的训练，甚至是一些品德教育，最终使驾驶人在握上方向盘之后，就意识到要对自己和别人的安全负责，这也可以理解为是一种爱心。

第五节 利人者己安

■ 马 宏 中国

■ 河北利安集团董事长
河北省机动车驾驶员培训行业协会常务副会长

马宏，河北利安集团董事长，河北省机动车驾驶员培训行业协会常务副会长，河北省石家庄市人大代表，中国道路运输协会专家库专家。从事机动车驾驶人培训行业18年，1998年开始经营驾校，利安集团现有9所驾校、8个考试场、员工1600人，年训考能力6万人，是河北省最大的驾驶人训考集团之一。

摘 要

优秀企业家马宏带着强烈的社会责任使命感，创立了河北利安驾校，并带领企业不断发展壮大。马宏认为，驾驶是无意识的习惯的培养，驾校的职责就是让驾驶人养成良好的驾驶习惯，并在无意识中遵守。利安研究中心专注于研究道路交通事故与驾驶人的关系，研发了很多设备，帮助学员达到这一目标。

在驾校经营管理中，马宏用“铁腕”手段刹住行业歪风，规范教练行为，提升服务水平，赢得了良好口碑。如今，马宏致力于通过智能培训系统，把利安驾校的安全意识及优秀教学理念分享给更多人。

一、一个来自内心深处的召唤

马宏先生出生在河北和山西边境的一个小山村，从小对汽车就产生了浓厚的兴趣。1997 年同事的一场事故让他意识到没有过硬的驾驶技术以及良好的驾驶习惯，就可能变为马路杀手，也许伤害自己，也许伤害他人。在那个时期，他就立下誓言，有朝一日他要培训别人学驾驶技能，绝不培训出一个马路杀手，一定要培训出一个合格的驾驶人，不损害公共安全的驾驶人，为自己生命负责，为他人生命负责。1998 年，在脱钩改制的政策背景下，马宏买下了一家原本隶属于公安的驾校。他的团队有 39 个人，凭着年轻人的激情，决定要做中国最专业的驾驶技能专业机构，并在五台山静心法师的指点下，把驾校改名为利安驾校。

二、对未来的坚守

最初的时候，人们学习驾驶的意识很淡薄，国家的法规从无序到有序，驾校的经营很艰难，前期的投入都未得到回报，马宏甚至要靠借钱来维持，最初创业的 39 人，也只剩下 11 人愿意留下来同甘共苦。

2004 年安全法的出台成为了一个转折点，社会意识到驾驶技能的重要性，也认识到安全意识的重要性，驾校学员数量每年以 60% 的速度增长，每一个坚持下来的创业者都收获了成功的喜悦。

三、专注才能与使命对话

马宏在企业成立了研究中心，研究道路交通事故与驾驶人的关系。他认为驾驶是习惯的培养，是无意识的习惯，要让驾驶人养成习惯，在无意识中遵守。

在教学当中很多方面都是让学员无意中养成良好的习惯。比如，在训练中让学员意识到不系安全带不安全，并养成了不系安全带不开车的习惯。为避免学员把油门当刹车，驾校研发了很多设备，当学员的脚未放在油门上并且有把油门当刹车的企图时，教练车就会报警。出现这种事故的原因是预备动作不规范，学员在非加油状态时脚必须在刹车上面，否则教练车会通过红外传感报警。为了防止学员在倒车时出现事故，研究中心将水桶放在教练车后，让每个学员切身感受倒车时后面有人的时候可以停住车。在驾驶习惯培养方面，教练车会记录并提醒学员驾驶习惯上的错误。

研究中心的人经过多次测验在路面是石头的土道上，让学员驾驶轮胎上面是两层铁板的车，以模拟在冰雪路面上的驾驶，使学员体会恐惧，意识到在冰雪路面上，车辆在时速超过 20 公里就很难控制了。

四、用铁锤呵护初心的壮丽蓝图

利安人是都能与自己灵魂对话的天使。下一个故事是讲利安驾校出现过的一个事情，业内好多同仁都知道。几年前，一个学员推开他的门，说本来是冲着利安的口碑报了利安驾校，可是来了发现并不是这样，培训他的教练向他索要香烟，否则就不给指导，给了烟才认真指导。他当时就去场地和教练对质，在车里翻出一盒烟，教练说他没拿，是车拿了。这是行业内的顽疾，教练都是单独作业，独立课堂，利安曾经开除过，也曾经处罚过，依然还出现这些问题。当时马宏召集全体员工，大概说明情况后，就把那台教练车砸了，说车也学会腐败了。这件事对大家触动很大，在业界也有广泛的影响。

五、让生命与同道共舞，与驾者共悠长

马宏在公司从一家驾校扩增成九家后，就开始每天处理协会的相关工作，感觉非常满足。他会去各省的协会分享这种安全意识，分享安全的认知，分享这种使命担当。

马宏现在与北京一家科技公司联合研发了一种智能培训系统，把利安驾校十几年的安全意识以及教学理念都植入进去，与大家分享。

马宏在最后深情地说：“安全，在这里被重新定义，悄然植入，在您不知不觉之间，被赋予了久远。尊重生命，关爱明天，帮您去危，助您避险。甘愿做您的灯塔，不想留有遗憾。这不仅是利安的想法，也是在座所有同仁的心声。”

第六节　基础驾驶培训对驾驶文化的影响

■ 苏华龙　中国香港

■ 华龙赛车创始人
安路中国创始人
上海公安高等专科学校警务驾校客座教官
汽车性能改装专栏作者

苏华龙，华龙赛车创始人、知名赛车手，安路中国创始人，驾驶安全教育专家，上海公安高等专科学校警务驾校客座教官，汽车性能改装专栏作者。他获得的专业资格包括：美国俄亥俄州警察学院执法和应急驾驶教练员认证，美国SKIDCAR认证教练员，美国EASYDRIFT 大师教练员，并在英国和瑞典接受应急驾驶和竞技驾驶培训，中国香港汽车会赛车教练员，持国际汽联（FIA）B级国际赛车照。

他融汇欧美先进驾驶训练体系，并结合中国的国情，开发出广受好评的安路中国驾驶安全教育体系。

摘 要

苏华龙认为，驾驶文化有两个指标：一是驾驶人对行人的礼让程度；二是在公路上的行车秩序。要在中国形成良好的驾驶文化，一要依赖教育引导，二要依赖制度的约束。

借鉴香港经验，苏华龙建议增加驾驶人在社会道路上的练习时间，增加社会道路的培训比例，并重视大型车辆和摩托车的驾驶培训。对新驾驶人来说，最好的培训方式就是在专业教练员的指导下，在真实的社会道路上进行驾驶练习。

一、驾驶文化

（一）驾驶文化的理解与感受

由于职业的关系，苏华龙先生经常在国内和国外开车出行，也是由于职业的关系，他对当地的驾驶文化都非常感兴趣。有些地方的驾驶文化是很好的，但也有一些是比较差的。在驾驶文化好的地方开车是一种享受，例如在瑞典的晚上开车，就算在没有照明的道路上也完全不用担心被来车或者后车的远光灯影响。在德国无限速的高速公路上，可以尽情地发挥汽车的性能，也可以同时体验到当每一个人都很规范的开车时，即使不用限速也是安全的。反之在驾驶文化不好的地方开车，抢道、加塞的现象让人精神高度紧张，完全没有驾驶乐趣可言，也很容易爆发“路怒症”。

每个人对驾驶文化的定义和理解不同，苏华龙认为只有两个指标：一个是驾驶人对行人的礼让程度；另外一个是在公路上的行车秩序。礼让行人是体现驾驶人对弱势者的保护和尊严，是一种基本的守法行为，在没有斑马线的地方礼让行人才是真正的礼让。而遵守行车秩序也是守法行为，大家按照标志标线的要求行驶，不随意变道，不见缝插针，不在人行道或路口加塞，行车的效率和安全就会得到提升。在这方面，日本人不给他人添麻烦，处处相互包容的文化，在道路上体现得淋漓尽致，也让这个国家在道路安全之路上享誉世界。

（二）中国的驾驶文化

中国的驾驶文化一直被认为是有很多不足和缺失的，其中中国式驾驶、中国式过马路广为出现，诟病已久。文化是一种习惯，要养成良好的习惯，一是要依赖教育引导，二是要依赖制度的约束。

当前中国的交通法规对礼让行人，以及行车秩序已经有很明确的规定，而中国每年有 2000 多万的新增驾驶人，这意味着道路上开车的人大部分都是最近几年才通过中国的驾培体系获得驾照的。从这个角度来看，驾培体系和执法单位的工作还有很多进步的空间。

目前中国的驾驶文化就是两个字：浮躁。有可能是因为内地大部分的驾培都是在驾校里面进行的，在社会道路上进行的练习时间偏少。除此之外，选择练习和考试的道路均为比较偏僻的地方，没有多少人流和车流，学员因而缺乏了和其他道路交通使用者的互动，也就无法养成良好的驾驶习惯。现在很多高端的汽车对驾驶人的操作技巧要求越来越低，一些汽车已经有自动倒车入库功能，但是对交通情况的精确判断，以及和其他道路使用者的互动能力，现在还无法做到。起码在无人驾驶的自动汽车时代真正来临之前，情况还是这样。

二、香港驾驶人培训与考试的经验

（一）增加社会道路的培训比重

要培养良好的驾驶习惯，可以考虑增加在社会道路上的练习时间，对广大的驾驶学员进行驾驶引导。在这方面香港有一个很好的案例：60 年前香港只有 4 万多辆汽车，今年已经有 70 多万辆汽车，增长了近 20 倍，但因为交通事故致死的人数却是 60 年来最低的。香港的面积不到北京的十分之一，人口也只有北京的三分之一，车多人多路窄是香港的特色。香港的驾驶人培训几乎全都是在高人流量高车流量的地方进行的。

在社会道路上进行培训的好处是所有的场景都是真实的，学员从学习的第一分钟开始就在实战中，而且香港允许学员在路考的路段练习，但这并不代表路考就很容易，因为在车多人多的道路上，交通状况时刻都在变化，突发情况也很多。

因此，学员在学习基础车辆操纵技能的同时，也要学习和其他道路交通使用者的安全互动和对各种交通情况的判断。同时，教练员要在时刻变化的交通情况中，对学员进行规范的指导，因为只有这样，才能在不断的练习当中养成良好的驾驶习惯，最终通过严格的考核。

根据香港运输处的建议，需要在实际道路驾驶40小时，学员才有可能一次性通过考核，基本上拥有独立驾驶的能力。

（二）大型车辆驾驶培训

除了场地的区别外，香港对小型汽车的驾培驾考形式和内地差不多，但是在大型车辆和摩托车驾驶培训方面却有很大的不同。而这两个车型，在内地的事故当中占了很大的比例，值得深思。

在香港，考A2等大型车辆的驾照要全部在社会道路上进行培训。由于考A2驾照的是增驾的老驾驶人，因此不必考科目一，直接考科目二和科目三。科目一的考试也很简单，倒桩通过以后立即进入科目三路考。路考是比较困难的，因为在路考的时候，考官会非常在意驾驶人在不同的路况下如何与其他交通使用者进行互动。

通过在考试之前的不断练习，驾驶人在不知不觉中形成了良好的驾驶习惯。车一开动，就已经和很多的交通使用者进行互动。大型车、行人、非机动车都是如此，好的驾驶习惯从这一刻培养起来。

（三）摩托车驾驶培训

另外一个大的区别是摩托车驾驶人的培训，现在内地对驾培驾考的管理非常严格，但是对摩托车驾驶人的培训却是另外一种景象。广东的很多地方根本不用培训，就可以直接考取摩托车的驾照，而且考试的时候是没有路考这一项的。

在香港要考取摩托车的驾照，首先要去一家有特区政府认可封闭场地的驾校进行初级培训，然后通过初级的考核，证明已有基本的控制摩托车的能力，才可以到社会道路上进行练习。

摩托车的稳定性很低，保护性很差，如果没有基本的技巧，学员自己驾驶是非常危险的。当然，香港最后的摩托车路考也是在社会道路上进行的，在拿到驾照以后，学员已经有很多的实际道路驾驶经验。

三、他山之石

除了中国香港以外，国外也有很多交通安全机构，对在封闭场地和社会道路的培训效果进行研究比对。其中一家就是澳大利亚的皇家汽车学会，做了很多研究，结论是对新驾驶人来说，最好的培训方式就是在专业教练员的指导下，在真实的社会道路上进行驾驶练习。

另外一个案例是，英国警察有一个对反恐和特别追击驾驶员的培训，他们经常在公路上进行超过 200 公里时速的训练。这种培训的依据是，如果在道路上进行追击任务需要达到一定速度，那么就要进行同样速度的训练，否则这个训练就没有实际的意义。

英国在驾考时，要求学员把车开到国家规定的最高限速 70 英里，即每小时 110 公里的速度。因为只有这样拿到驾照以后，驾驶人才可以真正在公路上开到法定限速之内的速度，同时还要根据天气和实际路况来判断是否有条件进行尝试。如果没有这个能力，就不能拿到驾照。

当然，英国是世界上第一个在社会道路上对警察进行特种驾驶培训的国家，也是世界上在道路安全方面最成功的国家之一，所以他们的培训理念是值得参考的。在社会道路上进行培训，自然会对交通流量造成一些影响，但如果这种培训模式能有效降低交通事故的发生，进而降低事故给家庭以及社会造成的负担，是非常划算的。

四、展望未来

当前，内地驾驶人的驾驶态度以及驾驶文化是饱受质疑的，更被认为是中国交通安全问题的元凶之一。但是情况正在好转，驾培内容里已经增加了实际驾驶涉及的需求，例如正确使用灯光，模拟雨雾天气的培训等，这些都是很好的发展。相信凭着业界的努力，内地的驾培体系一定能与时俱进，最终使中国成为一个拥有良好驾驶文化的国家。

第七节　分心驾驶

——死亡

■ Craig R. Young, J.D.（杨凯刚）　美国

■ 美国加州约巴林达市议员
美国对中国外交贸易代表团礼宾长
美国加州收费公路网络（F/E TCA）董事会主席

Craig R. Young， J.D.，中文名杨凯刚，曾任美国加州约巴林达市市长，现在是该市市议员、美国对中国外交贸易代表团礼宾长，加州最大的收费公路网络（F / E TCA）董事会主席。

他是著名的国际法律公司Alvaradosmith的合伙人，主要精力放在交通、土地利用、房地产交易等领域，为更加安全和可持续性的公路发展不断努力。

摘　要

Craig R. Young, J.D.认为，科技的进步并不意味着绝对的安全，而大约60%的事故都是可以被预见和避免的。分心原因造成了很多交通事故，值得所有交通参与者重视。

他倡导以教育手段提高全社会的安全意识，杜绝分心驾驶，希望中国能以全球领袖的姿态倡导警示教育，预防分心驾驶造成的事故。他希望年轻的一代参与进来，使每一个人都意识到要集中精力驾驶，并建议通过行政、商业等灵活手段，在全社会形成安全驾驶的文化。

一、科技的进步并不意味着绝对的安全

交通事故每天都在发生，这也成为了在美国最重要的一个致死原因。交通事故同时也是旅美外国人致死的首要因素，在旅行的过程中，很可能会遇到交通事故，这样的致死率会比在旅行中其他的致死因素要高很多。但是很多事故是可以进行预见的，也是可以进行预防的。过去的研究表明，大约60%的事故都是可以被预见和避免的。

汽车制造商正在持续地进行技术的革新，使得很多新技术进入我们的生活。3A公司是一家成立于1920年的美国公司，在建立之初，汽车、手机、GPS这些设备都还未诞生。如今乐视电视等一些技术都已经日新月异，给人们带来了过去无法想象的能力。但问题是，今天的高科技社会会比几十年以前更加的安全吗？大部分在交通事故中死亡或受伤的人并不是司机本身，而是无辜的第三方人士，交通事故死伤中的三分之二都是除了驾驶人之外的人。

二、分心驾驶隐患重重

例如说话、打电话、看其他地方等一些分心原因造成了很多交通事故。事实告诉我们，有的时候驾驶人分心，等于把生命置于危险的境地。其中15%的分心

是由和车里的其他的乘客进行交谈产生的；22% 的分心是打电话或者看 GPS 导航或者看其他的东西造成的。实际上驾驶人经常在开车时看 GPS 或地图来计划路线，在这种情况下，从视觉和听觉上都制造了分心的因素。如果把车里的收音机关掉，就可以很好地预防很多事故。

多任务处理是同时可以处理很多的事情，很多人认为自己可以一边听收音机一边讲电话，同时还能看到其他的行人。实际上这是错误的，大脑在不同任务闪过的时候，并不是同时处理很多任务，而是按照顺序，一个一个完成这些任务。因此注意力更集中的是手边的任务，这样很容易忽视其他可能是非常重要的事情，结果可能是致命的。

三、以教育的手段提高全社会的安全意识，杜绝分心驾驶

希望这些分心引起的事故能引起国际社会的注意，因为公共政策，可以帮助公民提高对于安全驾驶的意识。除此之外，包括基础教育在内的公共教育，可以让大家自愿开展一系列预防性的措施，提高交通道路的安全。数据表明，美国已经形成了分心驾驶的文化，中国在很多方面是追随美国的足迹的，希望中国能以全球领袖的姿态倡导警示教育，预防分心驾驶造成的事故。

在驾驶安全性方面，要进一步提升安全意识，对社会做出更多的努力，大家应该携手合作，制定出具有可行性的政策，肩负起更多的责任，使社会更加安全。社会上的各个利益相关方、各个阶层都应该参加进来。使每一个人都意识到要集中精力驾驶，通过轻松愉快的教学方式让大家更好地理解安全教育。同时，不仅仅要教育驾驶学校的学生，还应该有更好的市场营销计划，把目标群体放长远。特别是把重点放在还不到驾驶年龄的孩子身上，通过在学校中加强安全教育，让孩子在学校当中就能接受相关的安全意识教育。这不仅仅是社会效益，同时也是经济效益。

这是个有经济意义的政策，教育实际上对商业来讲也是会产生经济效益的，社会效益和经济效益能够取得双丰收。此外，还可以与偶像明星进行合作，把信

息传递给广大群众，其目标不仅仅是培训驾驶人，更重要的应该获得所有汽车产业的支持，最终在全社会形成安全驾驶的文化。

学校应该是在最前端的。在美国也有这样的必要：使更年轻的一代能够参与到这个活动中来，让孩子们明白他们的行为是有结果的。学校尤其是小学的教育工作者应该准备好适合这个孩子的信息，以这个孩子能够接受的方式，把这些信息传递出去。设计好的方法，让孩子也参与进来，让孩子在安全教育的环境中成长。孩子实际上是家长乃至社会最好的推动者，能够帮助家长改变过去的陋习，提升全社会的安全驾驶意识。

全体驾驶人应该肩负起对亲人爱人的责任，集中精力驾驶，杜绝分心，不要以自己和他人的生命作为代价。

第八节　机动车运转专门学院制度及其作用

■ 郑度赫　韩国

■ 韩国全国机动车运转专门学院联合会理事兼中国办事处处长
韩国大宇机动车运转专门学院院长

郑度赫，韩国全国机动车运转专门学院联合会理事，韩国全国机动车运转专门学院联合会中国办事处处长，韩国大宇机动车运转专门学院院长。

2000年，他在韩国业内首创将驾校与儿童交通安全结合，将儿童交通安全教育引入所在区域内的幼儿园和小学。2003年，将驾驶培训与网络结合，在网上开展理论及技能操作课程，方便学生上课，提高教育效率。

在担任韩国全国机动车运转专门学院联合会理事期间，参与设计出驾驶人培训保险，并帮助政府建立相关法律，将驾校保险纳入义务化，从而减少驾校与学生之间的纠纷。

2005年起，他在中国和韩国成立了驾驶考试电子评分系统开发公司，通过电子系统确保训考过程的公正性和透明性，提高驾驶人的训练效率。

2007年起，他以在韩国多年的驾校管理经验和参与政府政策确立的经验为基础，在中国参与建立新的概念式的驾校运营制度，通过研究开发学事管理ERP系统和驾校管理监督系统，为达到业内公平竞争和透明管理的研究而做贡献。

摘 要

韩国的驾照考场分为两类：第一类考场是国家管理的国家考场；第二类考场是专业驾校的考场。

韩国于1995年7月份，正式开始执行专业驾校制度，将原本为政府职能之一的驾照考试工作委托给国家选拔出来的专业驾校，从而达到国家人力及预算支出的最小化。

专业驾校是由国家在满足人力及物力条件的一般驾校中指定的，这类驾校在安全驾驶、驾驶礼仪等多方面都要遵守规定的培训办法及培训时间，并需要经过一定的审查期。学员初期需要在驾校的练习场进行练习，而后进行大约14个考试的项目，这些考试项目通过电子采分，不需要警官只需要专业驾校自己组织考核。

专业驾校制度减少了待考人员的堆积，给学员带来了很大的方便，并在很大程度上减少了交通事故率。但弊端也是很明显的：个别的驾校无法按照规定进行培训，扰乱了市场秩序。另外，部分驾校采用手工记录管理培训学时，造成了一些造假的现象。

为此韩国开发了学事管理系统，并规定为驾校义务使用。学事管理系统的使用和升级大大减少了培训造假率，有效保护了学员培训的合法权益。

一、韩国驾驶人培训与考试概况

（一）韩国驾照考场分类

韩国的驾照考场分为两类：第一类考场是国家管理的国家考场；第二类考场是运转专门学院（以下统称专业驾校）的考场。

（二）韩国驾照培训与考试的不同方式

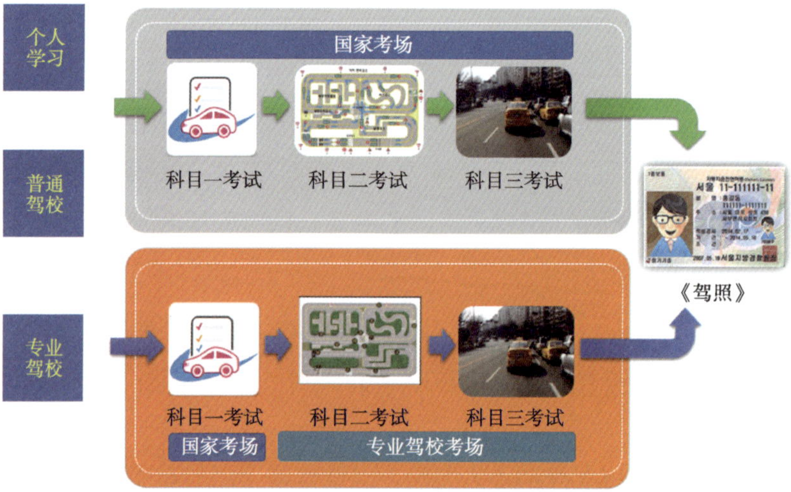

在韩国，考取驾照有三个途径：

第一个是个人学习的方式，学员通过在国家考场进行理论考试，然后再通过实际道路考试，如果合格的话就可以拿到驾照。很多驾照被取消的学员会选择这种方式。

第二个是普通驾校的方式，很多已经具有驾驶的能力，但是没有时间去上学的学员会选择普通驾校的方式。

第三个是大部分学员选择的专业驾校方式，学员经过培训并在国家考场考完理论考试后，在专业驾校培训并完成考核，最终获得驾照。

二、韩国驾校的发展史

韩国的驾校制度经历了数十年的演变。1913 年，韩国首次设立了龙山京城驾驶人培养所；1961 年，引进并实施指定教习制度，指定教习制度是在全国的 11 个地区指定一个地方，在警官的指导下进行考试的一种制度；1976 年，因指定教习制度的培训主管机关与驾驶考试的执行机关不一致，管理上存在很多缺点，指定教习制度被废除；1985 年，驾校监督机构由市和各省转为警察局，这样就把管理监督机构统一为一个机构，更加有力地促进各项与驾校有关政策的制定，并减少了很多政策实施层面的混乱；1994 年，汽车驾校由许可制度转为申报制度，任何机构只要具备一定的设备，就可以申请成立驾校，驾校数量随之急速增加；1995 年，专业驾校制度开始执行；1997 年，场外道路培训制度开始执行；2005 年，引进学事管理系统，并规定为驾校义务使用；2012 年，路考由人工评分变为电子评分，考试公正性得到了保证。

三、机动车运转专门学院制度（以下统称专业驾校制度）介绍

（一）专业驾校制度的引进背景

在 1970 年至 1980 年期间，随着国民收入的增加，韩国的机动车保有量和取得驾照的人数迅猛增长，机动车保有量每年以 140% 的速度增加，取得驾照的人数每年以 120% 的速度增加。全国 24 个国家考场已经远远不能满足人们的需要，而且驾校由于制度、环境以及专业性的缺乏，培养了很多不合格的驾驶人员，导致道路交通安全形势急剧恶化。交通事故的增加也极大地损害了韩国的国家形象。

鉴于这种情况，经过两年对日本指定汽车教习制度的研究，韩国于 1995 年 7 月份，正式开始执行专业驾校制度。

（二）专业驾校制度的定义

专业驾校制度是指将原本为政府职能之一的驾照考试工作委托给国家选拔出来的专业驾校，学员通过这些驾校的严格测试后即可免去国家驾照考试直接获得驾照，从而达到国家人力及预算支出的最小化。

专业驾校是由国家在满足人力及物力条件的一般驾校中指定的，这类驾校基本需要具备 6600 平方米的练习场，有办公室、设备室、检疫室、车辆室、电子采分设备等，在安全驾驶、驾驶礼仪等多方面都要遵守规定的培训办法及培训时间，并需要经过一定的审查期。

（三）专业驾校制度的形式及内容

学员初期需要在驾校的练习场进行练习，而后进行大约 14 个考试的项目，这些考试项目通过电子采分，不需要警官，只需要专业驾校自己组织考核。

培训项目分为理论、场内技能以及实际道路。在场内的技能培训当中，不需要讲师，只需要使用试验系统，虽然有一定的风险性，但经过真正单独的驾驶过程，可以提高学生的驾驶能力。经过考核后，即可为学员颁发结业证和毕业证。

专业驾校需设置学监和技能鉴定员。学监的职责是监督保证各项培训都能按照规定完成，并审核学时是否已达到要求。而技能鉴定员则专门负责考试的项目，对学员进行严格公正的考核。

（四）专业驾校制度实行的效果

专业驾校制度减少了待考人员的堆积，给学员带来了很大的方便；为达到一定时长的培训人员实施考核鉴定制度，取代了技能考试，改善了驾校的培训环境和课程体系，并且很大程度上减少了交通事故率。在 1998 年到 2014 年这段时间里，专业驾校学员的平均事故率仅为普通驾校的二分之一，专业驾校的市场占有率也由 1998 年的 50% 增加到 2014 年的 87%。但弊端也是很明显的：个别的驾校无法按照规定进行培训，扰乱了市场秩序。另外部分驾校采用手工记录管理培训学时，造成了一些造假的现象。为此韩国开发了学事管理系统，并规定为驾校义务使用，保证培训质量的有效监管。

四、学事管理系统介绍

（一）学事管理系统的定义

学事管理系统是为了方便地方警察厅对学员进行指导监督而设定的一个系统。同时学员可以很方便地对自己的培训过程进行管理，避免了由人工操作引起的一些腐败现象，是一种复合型的电子平台。

（二）学事管理系统的发展史

从1995年到1998年开始，一些驾校为了管理学校业务的方便，使用了学事管理系统；1998年，政府从全国范围内进行了大规模的稽查，其中有50%的驾校因未按规定使用学事管理系统得到了行政处分；1999年到2004年，政府通过严格的管理，督促和引导违规驾校使用学事管理系统；2005年，规定在全国范围内，义务使用学事管理系统，所有的信息实时传到警察厅，减少了学时造假的违法率；2016年，为保护个人的信息，同时也为保证学事管理系统维护的便利性，政府计划在联合协会把这两个系统整合为一个。监督机构可以实时获取学员的教育记录、学时运行的结果。

（三）学事管理系统的使用效果

通过对大数据的分析，学事管理系统的使用和升级大大减少了培训造假率，有效保护了学员培训的合法权益，减少了学员与驾校的纠纷，同时也减少了各驾校之间不正当竞争引起的摩擦。

（四）学事管理系统的升级规划

韩国机动车运转专门学院联合会正在开发并积极向全国普及综合学事管理系统。它的功能是把每个驾校的学事管理系统数据整合在一起，由协会统一来运营，这样可以保护个人的信息。此外，综合学事管理系统的主要功能是接受预约、出勤管理、向警察厅传递数据等。

学事管理系统的下一代版本将可以在全世界各个驾校使用，它是以多种语言构成的，是以语音为中心，在电脑、手机、车辆APP、大画面的显示器等五个终端进行互联互动。在PC端，可以进行学员注册、学费管理、车辆管理等几个方面的业务。在手机端，学员可以进行培训预约，确认培训结果以及培训满意度。车辆APP可以准确计算学员的培训时间，并能掌握车辆的位置，对车辆进行管理。同时通过这样的功能可以确认受培训的人员，防止他人代替作弊的情况。培训内容可以及时打印，由本人进行确认。大画面的显示器可以标识各个教练的优先顺序，便于学员选择优秀的教练。这五个客户端是实时联动的，有多样的功能，可以提高客户的满意度，同时对驾校的运营也有很大的帮助。

五、韩国机动车运转专门学院联合会下一步工作方向

协会现在计划把驾校由驾驶培训机构转为安全教育培训机构，强化安全教育的专业性；与外部专家合作，提出交通相关政策的建议；与大型企业共同进行商业营销，扩大影响力；参与学事管理系统，场内、外道路系统的开发运营及维护，保证未来的发展资源。通过以上的几个措施，最终促进驾培行业的可持续发展。

第九节 增强责任意识时不我待 提升培训品质舍我其谁

■ 闫文辉 中国

■ 东方时尚驾驶学校股份有限公司总经理
中国道路运输协会汽车驾驶员工作委员会副主任
北京市机动车驾驶人培训行业协会副会长

闫文辉，东方时尚驾驶学校股份有限公司总经理，京安驾驶人安全与素养研究院院长，中国道路运输协会汽车驾驶员工作委员会副主任，北京市机动车驾驶人培训行业协会副会长。他一直秉承着交通安全意识与驾驶技能共同培养的原则，严把教学质量，多次对国内外驾校进行考察，与行业同行深入探讨研究，倡导成立了北京市机动车驾驶人培训行业协会，恪尽职守、勇于创新，以自己独特的经营理念、经营方式将东方时尚驾校打造成了亚洲一流的机动车驾驶人培训学校，2016年东方时尚驾驶学校股份有限公司在上海主板成功上市。

摘　要

随着汽车工业的不断发展，驾驶人培训行业走过了历次变革，进入以驾校为主体的“社会化培训”阶段。改变驾培行业发展现状，提升驾培行业的整体品质迫在眉睫，时不可待，需要深层次地探讨驾驶人培训与道路交通安全理念的关联。

闫文辉认为，驾驶培训从不只是单纯的技能培训，学员学习驾驶的过程也应该是一个守法、安全、文明意识养成的过程，两个环节缺一不可。

当前国内“应试教育”之下，在理论培训环节，忽略了最应该向学员灌输的遵守法律法规和安全文明的驾驶意识；在实际操作环节，只进行考试科目的训练，忽视技能培训，导致了部分学员考取驾照后对驾驶技能的掌握仍不扎实、不全面，对法律法规仍不了解，更谈不上安全文明的驾驶意识。

闫文辉呼吁，应尽快转变驾驶培训为“素质教育”，将驾驶培训纳入素质教育体系中。他建议，通过各种形式的交通安全促进活动，引起全社会对交通安全的广泛关注，政府、企业、公众参与其中，形成合力，弥补驾驶培训中素质培养这缺失的一环，利用多种手段进行交通安全的宣传教育，促进驾驶培训素质教育工程建设。

一、我国驾驶人培训行业的发展历程

驾驶人培训行业是随着汽车工业的不断发展而产生，因此，说起驾培行业的发展历程，就要从中国出现的第一辆车和中国制造的第一辆车说起。

（一）中国第一辆汽车

汽车产品源于西方，对于早期中国来说，汽车是舶来品。谁算是“传入中国的第一辆汽车”？长期以来存有两种看法：一是进贡给慈禧太后的御用汽车；二是匈牙利人李恩时运到中国的奥斯莫比尔牌汽车。

1. 第一种说法

据说，1901年，直隶总督袁世凯花费一万两白银购进一辆小轿车，作为寿礼送给慈禧太后，慈禧很是喜欢。大臣知晓后大惊，他们视汽车为“邪物”，怕慈禧坐后“中邪”。慈禧对洋司机不放心，可在当时全国没有会开汽车的人，于是便派人招纳人来学，一个叫孙富龄的人很快学会了开车，自此他成为了慈禧的御驾司机。马车夫成了司机，还与太后平起平坐，加之群臣纷纷议论说一个下人竟然敢坐在“老祖宗”前面，而且座位还高了一阶，有失体统，于是慈禧责令孙富龄跪着开车。跪着开车终究不方便操作，孙富龄整天提心吊胆，一次慈禧赏赐他米酒，他十分激动一饮而尽，怎料半路冲出个小太监，跪在方向盘前的孙富龄根本没时间踩刹车，把这个太监撞死了，这起事故成为了我国历史上第一起机动车交通肇事案，慈禧也成为了中国拥有小轿车的第一人。

2. 第二种说法

奥斯莫比尔汽车工厂创立于1897年，是美国汽车领域的老牌先驱。历史资料显示，1901年，一位叫李恩时(Leinz)的匈牙利人携两辆美国制造的奥斯莫比尔(Oldsmobile)牌汽车自香港运到了上海。1902年1月，上海公共租界工部局开会决定向李恩时的汽车颁发临时牌照，准许上街行驶，次年发正式牌照。同时，每月缴税金两银元。

无论是哪种说法，1901年的中国已经开始出现汽车。到1929年，中国的汽车进口量已达8781辆，世界各国汽车蜂拥而入；1930年，中国汽车保有量为38484辆，但全部都是进口汽车。1931年5月31日，辽宁迫击炮厂民生牌75型载货汽车问世，但这辆车的发动机、曲轴等，仍是委托国外厂家代制，中国始终没有一辆完整的国产汽车。

（二）新中国第一辆国产汽车

1949年，共和国开国大典的礼炮声响过不久，毛泽东乘坐专列抵达莫斯科；中苏双方商定，由苏联援助中国建设第一个载重汽车厂；1949年4月重工业部成立汽车工业筹备组，开始筹建工作；中央财经委员会批准第一汽车制造厂在吉林省长春市兴建；1953年，第一汽车制造厂奠基典礼在长春市西南的孟家屯附近举行；1956 年 7 月 13 日，在长春第一汽车制造厂被毛主席命名为“解放”的第一辆汽车试制成功。第一批下线的解放牌汽车，参加了 1956 年的国庆阅兵式。解放车的成功制造结束了中国不能批量生产汽车的历史，也标志着中国汽车工业进入了历史新时期。

至此之后，汽车逐渐走进中国社会，如今中国已成为全球最大的汽车市场。几十年来，我国汽车工业得到了快速的发展，特别是改革开放以来，汽车已经越来越多地走进了中国的家庭生活中，而驾驶人培训行业也随着汽车工业的不断发展，走过了历次变革。

二、我国驾培行业发展现状及存在的弊端

（一）历经三次变革，行业发展进入社会化培训

1.（1950 年至 1983 年）以老带新的“拜师学艺”阶段

这个历史阶段中，学习驾驶的人员基本上都是职业驾驶员，而且培训职业驾驶员除了部队和本行业内部进行培训以外，基本都是以老带新，或者是以师傅带徒弟的方式进行的，具有典型的师徒传承色彩。

2.（1983 年至 2004 年）个人与驾校培训“双轨并行”阶段

在变革的二十年中，通过驾校培训驾驶人的模式逐步取代了传统“以师带徒”的模式，驾校行业得到了空前的大发展。以北京市为例，1983 年第一家社会化驾校成立，到 2003 年的时候，全市已经成立了 200 多家驾校。但是，由于双轨并行，驾校培训模式仍处于发展初期，经营不规范、不统一的问题普遍存在，种种弊端陋习影响人们对驾校的认知。

3.（2004 年至今）以驾校为主体的“社会化培训”阶段

20 世纪中期，学习机动车驾驶多数仍为单位或部队委托培养，在这个时期，掌握驾驶技术就是为了掌握一项生存技能；20 世纪末，随着汽车进入家庭，学车已经逐渐转变成为一项生活技能；如今，家庭轿车市场孕育多年的潜能被无限放大，富裕起来的中国人对轿车激发了强烈的购买能量，渴望拥有一辆自己的轿车不再是遥远的梦想，学车成为一项基本生活技能。

经过30年的发展，全国各种驾校如雨后春笋般出现。目前，全国共有机动车驾驶培训机构15400家，教练车68多万辆，行业服务人员近70万人，年培训机动车驾驶人约2000名万人次。随着各项法律法规与国家标准的出台和不断完善，我国驾培行业正向着规范化、规模化不断发展和改革。

不可否认的是，社会化培训发展至今，仍然存在学员不满意、管理机构不满意、从业人员不满意的问题，这样的现状让行业面临改革，改变驾培行业发展现状，提升驾培行业的整体品质迫在眉睫，时不我待，但改什么、如何改目前仍没有明确方向。这也是为什么，我们需要深层次的探讨驾驶人培训与道路交通安全理念的关联。

（二）“应试教育”之下，交通安全难以保证

据统计，截至2015年年底，我国机动车保有量达到2.79亿辆，机动车驾驶人突破3亿人，预计未来十年，新增驾驶人仍将以每年2000万人的速度增长。不断攀升的数字除了说明中国经济社会的不断发展进步，也将我国快速进入汽车社会与驾驶文明发展滞后的矛盾凸显出来。守法和安全驾驶意识的缺失，使得我国道路交通环境建设工作的难度增加。

驾驶培训从不只是单纯的技能培训，学员学习驾驶的过程也应该是一个守法、安全、文明意识养成的过程，两个环节缺一不可。驾驶培训是构筑交通安全的第一道防线，在这一阶段，教练员所给予学员的驾驶意识、驾驶技能，甚至于驾驶习惯，都会在学员将来驾驶过程中产生深远的影响。如何能在意识上改变驾驶习惯，从根本上减少道路交通事故的发生，缓解交通拥堵，营造良好的交通氛围，源头在良好驾驶意识的培养。

我国每年在驾驶培训上的投入很高，但收效甚微。令人惋惜的是，虽然意识的培养尤为重要，但目前在我国，行业氛围仍偏重“应试教育”。部分驾培机构不重视理论培训，甚至没有规范的教材，理论培训只是发几张印满考题的纸，上课只是针对考题进行讲解，或者直接让学员回家背题，忽略了最应该在学车过程中向学员灌输的遵守法律法规和安全文明的驾驶意识。在实际操作环节，不考虑学员将来的驾驶安全，缩减学时，不按教学大纲进行教学，只进行考试科目的训练，忽视技能培训的同时也忽视了对遵守法律法规和安全文明驾驶意识的灌输。其

后果导致了部分学员，考取机动车驾驶证后对驾驶技能的掌握仍不扎实、不全面，不敢上路开车，对法律法规仍不了解，甚至漠视法律，更谈不上安全文明的驾驶意识了。长此以往，我国的道路交通安全状况非但不会有所改观，反而会更糟。

在中国，人们只有在考取机动车驾驶证的时候，才有机会接受全面、系统的交通安全知识教育，驾校成为了驾驶人学习交通安全知识的唯一课堂。不同于其他资格类考试，机动车驾驶资格考试是一项由公安机关进行的行政执法工作，不同于其他培训行业，驾校的培训水平直接关系到人们的生命安全，关乎道路交通的和谐、有序和畅通，我们肩负着巨大的社会责任。根据官方公布的数据，中国每年有 6 万多人死于道路交通事故，由于统计方面的偏差，实际数据可能要大于此，道路交通事故已经成为影响广大人民群众生命财产、家庭幸福的严重社会问题。交通事故的发生 90% 以上是由于驾驶人的过错导致的，包括严重的交通违法行为、不文明的驾驶习惯和不娴熟的驾驶技能等。此外，目前每个城市正在面临或即将面临的一个重大问题就是交通拥堵，这又和每名驾驶人的守法意识、安全意识、文明意识和驾驶技术息息相关。

三、对未来行业发展方向的愿景

（一）转变驾驶培训为“素质教育”，将驾驶培训纳入素质教育体系中

希望通过全社会的通力协作，营造共同关注的氛围，促进驾驶培训素质教育工程建设。充分树立行业内“素质培训”的信念，使中国的驾驶培训由“应试”转变为“素质教育”，让人们掌握扎实驾驶技能的同时，重视守法观念和安全文明行车意识的培养。

意识的培养只有做到位，学员掌握的才是现代社会能够操控代步工具的基本生活技能。反之，每一个缺乏意识培养的驾驶人都将成为潜伏在道路交通环境中，时刻威胁人们生命财产安全和家庭幸福的隐患。

（二）四点“带动”

希望通过各种形式的交通安全促进活动，引起全社会对交通安全的广泛关

注，政府、企业、民众参与其中，形成合力，弥补驾驶培训中素质培养这缺失的一环，利用多种手段进行交通安全的宣传教育，“以点带面”，促进驾驶培训素质教育工程建设。

政府机关应继续加强在法律、法规和管理模式层面上的引导，将遵章守法、安全文明参与交通的教育尽早纳入义务教育甚至高等教育的体制中去，做到“以小带大”，让儿童和青少年群体带动家庭和更多的交通参与者。

通过全行业的共同努力，坚定行业自身推行驾驶培训“素质教育”的信念，在每名从业者心中深植“责任与安全”，通过不断的改革和探索，让每一位毕业的学员都成为合格、守法、安全文明的交通参与者，做到“以新带老”，让新驾驶人影响身边的“老司机”，树立起对法律、法规的敬畏之心，摒弃交通陋习，安全文明出行。

从现在做起，通过每一名从业者的言传身教，让每年新增的2000万驾驶人群体都能成为文明交通的践行者和宣传员，做到“以少带多”，逐步带动中国3亿驾驶人的文明交通进程，形成社会各层面共同关注交通安全、注重驾驶素质培养的氛围。

十八大以来，党中央国务院高度重视安全生产问题，习近平总书记曾在2013年6月6日就做好安全生产工作作出重要指示，其中提出：人命关天，发展决不能以牺牲人的生命为代价，这必须作为一道不可逾越的红线。道路交通安全事关人民群众生命财产安全，事关我国改革发展稳定大局，要全面践行习近平主席围绕安全生产关于“强化企业主体责任落实，推动企业尽职尽责”的重要讲话精神。作为中国的驾培行业，只要全体行业同仁，都树立起一种“增强责任意识时不我待，提升培训品质舍我其谁”之精神，就一定可以提升中国驾驶培训的整体水平，同时通过全社会的不懈努力，让越来越多的人牢固树立起遵守交通法规、安全文明出行的意识。不远的将来，我国的道路交通事故会逐年减少，道路交通环境会更加和谐、通畅、有序。让我们共同为这一目标而不懈努力！

第四章

国际经验交流

Chapter 4

International Experience Exchanges

本部分内容由论坛各分会场中外专家现场交流内容整理而成。问答内容基本保持现场交流的实际情况，但对问题的类别进行了重新分类，对重复和相近的问题进行了合并，并对文字按图书出版要求进行了简单加工。

此次论坛主题为责任与安全，内容也围绕机动车驾驶人培训与道路交通安全展开。中外专家的探讨围绕驾驶安全的主题，重点关注驾驶人培训在道路交通安全中所起的作用。许多问题涉及驾校经营，宗旨在于如何让驾驶培训机构（俗称驾校）良性发展，以期更好地发挥其法规教育及安全知识普及的作用。在我国，目前学校序列的道路交通安全教育几乎为空白，驾校几乎成为中国人直接和集中接受道路交通安全教育的唯一途径。在这样的背景下，深入探讨哪个层面的驾校问题都不为过。从国家政策法规、驾驶人培训考试，到驾校经营管理，无论问题多么具体，其核心目的并未偏离论坛主旨。各个方面的探讨，恰恰是此次论坛的重要目的之一。他山之石，可以攻玉，希望各个方面的读者都能从这些看似散乱的问答中得到一些启迪。哪怕是极小的启发，也可能成为中国道路交通安全发展的一点星星之火。多聚集这样的星星之火，就有机会让道路交通安全的各方努力成燎原之势。

第一节 道路交通安全教育

一、安全意识的培养

Q1：美国的汽车工业有 100 多年了，人的安全意识、文明意识从小就进行培养。那么，在人们学车时，驾校的培训还要做哪些工作？需不需要向我国这样还进行特别系统和全面的安全培训？（美国）

A1：美国允许人们开始学车的年龄相对较早，他们认为有一些技术和一些解决问题的方式应该更个体化。每个学生学习的方式不同，因此，驾校认为在一些技术和解决问题的方式方面应该更个体化。比如说学车方面，应该是用不同的方法解决学生的难题，向学生解释这些问题。但整体来说，作为一个驾校的老师，应该把重点放在学生的眼睛上面，因为驾驶人的眼睛在驾驶的时候是最重要的，他们看到的就是现场的东西，所以教练在指点他们的时候应该让他们注意道路的整体感。比如说在转弯的时候让学生注意看得更远，这样就可避免不必要的交通事故，还可以让学生在转弯的时候在正确的车道上行驶，所以在驾校学习的时候，教练应该是边讲解边让学生进行实际驾驶操作。

Q2：在美国有没有16岁之前就参加的交通安全的培训？在孩子上学（如小学、初中）的过程中有没有交通安全课程？如果有，这个安全培训是由哪个机构来完成的？（美国）

A2：美国的安全教育应该从幼儿园就开始了，老师带着孩子们会开展一些类似的校外活动，他们会共同讲解这些交通安全问题。这些活动是由学校完成的，幼儿园和小学都会开展，因为他们都属于国家的机构。美国的小学生和初中生没有专门的安全意识教育课，但是老师通常教育这些孩子，不要摸热的东西，或者他们在安全通道等特别的地方会铺上地毯，提醒孩子们注意安全。因为安全意识非常重要，虽然教科书里面没有教，但是在生活中，安全意识教育非常重要。关于安全教育方面，其实越早越好，这样可以让学生有一个固定的行为模式，也就是说在他们成年的时候就会避开一些问题。当然安全意识教育不只是在孩子懂事的阶段去提醒的，对孩子进行安全意识教育更重要的是一种社会的责任，究竟是谁负责教育12岁到14岁之间的孩子，谁能够让他们有安全意识，是孩子的父母还是这个社会或者还是老师在教育？这是一个社会问题。

Q3：在美国，人们16岁就可以开始驾车，你们觉得这个可以吗？不会因为他们年龄太小吗？（美国）

A3：这个没问题。关于16岁开始驾车的问题，在美国有很严格的限制，人们在16岁的时候会被限制跟谁开车和几点开车，直到18岁才不会被限制。举一个例子，一个16岁的驾驶人是不可以和年龄小于18岁的人同车的，也不能在晚上10点以后开车，这些限制会帮助这些驾驶人有更多的经验，让他们更加成熟。如果他们不遵守这些限制规定开车而被抓的话，他们会被取消驾驶资格。此外，16岁开始可以驾车并不是一个强制性的要求，卡尔·贝蒂的第一个女儿直到18岁的时候才开始学习，另外一个女儿则是16岁生日的时候开始学习，所以每个人并不一样，在一个家庭中也会有不同，因为这并不是强制性的。卡尔·贝蒂是17岁的时候拿到驾照的，当时那一年中他开车很不熟练，而且很害怕，比较紧张，因为他缺少驾驶经验，所以当他在教一些学生的时候会想起自己当年遇到的问题，他要解决这些问题，让学生驾驶起来有安全感，而且对别人来说也是安全的。对驾校的老师来说，当自己教的学生没有达到要求的话，不要急躁，而是应该更加有耐心。

Q4：在美国，电子警察（俗称电子眼）**对道路交通安全的监督作用如何？**（美国）

A4：在美国，电子警察采用拍照的方式这是很隐私的东西，通过电子警察进行执法，通常是在高速公路上，城市道路上并不多。十年前，卡尔·贝蒂住在洛杉矶的一个城市，这个城市在美国算是一个比较好的社区城市，那个时候出现了很多问题。电子眼多了以后会吸引人的注意，每一个开车开得很快的人，就会注意能不能通过，是否会被电子眼拍到，在这个犹豫的过程中，后面的车很容易撞上，就很容易出现交通事故，所以后来就把这些电子眼撤掉了。如果在有电子眼的路口闯红灯，驾驶人就会收到邮件，然后被罚款，电子眼的确是很容易让人分散注意力。

Q5：针对安全意识的普及，美国是如何改善这些问题的，有哪些经验？（美国）

A5：在每一起交通事故发生的过程中，都是有一些原因的，比如：疲劳驾驶、开车看手机、音响开得很大，都有可能引起交通事故。一个媒体人，也会有更多的机会看到这些事故发生时的危险性。所以媒体要在这方面多些提醒，让大家更多地注意到这方面的安全隐患。在美国，安全知识的普及，媒体是一个很重要的渠道。另外一方面，东方时尚驾校组织了我们这次的论坛，所以通过这个论坛驾校也会有很好的效益，大家都会觉得这个驾校有很好的安全意识教育，所以驾校在这方面也是一个很重要的宣传者，在座的驾校领导都可以进行安全意识的培养和安全知识的宣传。

Q6：我们中国有很多驾校都会播放宣传教育片，卡尔·贝蒂先生您认为这种教育片对学员起的作用有多大？（美国）

A6：关于这个问题的确也是，因为信息的传递通常是通过电视和一些其他的渠道，在美国卡尔·贝蒂也看电视和中国的频道，他觉得更重要的就是有一个信息服务的频道，或者是提醒大家注意的方式，比如说3~5分钟的广告，主要还是通过这样媒体信息传递的方式让人们加强这方面的安全意识，这还是很有作用的。在美国，有很多关于交通事故的资源，如果驾校需要的话，可能提供一些真实的案例，更有视觉效果。其实，媒体的宣传不仅仅是电视，比如说报纸、互联网以及各种海报，还有户外的这些宣传标识等，都能够警示和提醒大家的意识，除了电视，信息传递的渠道还有很多，这个也是驾驶人们得到信息的一种方式。可以跟保险公司合作，人们通过买保险来得到保障，对保险公司来说也是一种盈利模式和宣传模式。

Q7：请问贝蒂先生，对于安全意识的培养，您有什么有效的经验？（美国）

A7：美国驾校在安全意识的培养上，可以引进一些很简单的形式。一个是老师在教室里上理论课,很枯燥地讲关于法规的内容,可能没人愿意做,也做不下来。关于车辆安全，应该搞教练员培训，教练员也要培养一个安全意识，怎么样树立自己的安全意识去教育学员，所以这个可以进入到培训里面去，当然还有很多其他的形式，比起以前死板的上课，要加强一些沟通的形式，让大家互动起来，效果就好了。单纯死板地讲理论和法规，效果不太好。

Q8：在中国不习惯系安全带的人到了美国都会系好安全带，关于系不系安全带，中国跟美国有什么不同的法规法律和习惯？同时关于很多良好的驾驶习惯的养成，美国有没有一些好的经验借鉴给我们？（美国）

A8：在美国，人们在很长的一段时间内也是没有这个意识的，也没有相应的法律规定，所以大家也都不系安全带。1975 年开始，美国的法律明确了应该系安全带，美国才有系安全带的意识，这些意识来自美国驾校，当时他们通常就是通过媒体或者其他相关的一些渠道提醒大家一定要有系安全带的意识，但是最重要的还是通过驾驶学校进行普及。其实从 1980 年开始，安全带的设计也不一样了，之前安全带是从前面绕过来；为了大家方便系安全带，1980 年以后改成了通过肩膀系过来的方式，这样能保证更安全，所以安全意识也需要通过一定的时间才能实现。当然也可以通过一些强制设备，比如不系安全带，没办法启动汽车，一段时间后大家就可以形成这个习惯。此外在美国，如果在 18 岁以内的人在车内不系安全带，驾驶人是要被罚款的。因为在美国驾驶人有一个很重要的责任，就是关注他的每一个客人，一定要系安全带才可以开车。如果一个超过了 18 岁的人自己不系安全带的话，他就会被警察罚款。

Q9：我想问美国的杨市长（Craig R. Young，J.D.，中文名字杨凯刚）**这个问题，安全意识的培养，大家都讲从小朋友做起，您有哪些好的建议和经验介绍给我们，怎么样能够让大家从小就建立起牢固的安全意识？**（美国）

A9：杨凯刚相信关键是从娃娃抓起，今天的几个演讲嘉宾也提到了这一点，就是从机制上和体制上来分析，现在的学生考驾照都是应试教育，为了拿到驾驶执照而考试。但是对于孩子教育来讲，不一定以这个目标来进行教育。比如对于孩子来讲，像闫文辉闫总之前提到的，大家都希望让孩子们能够去学习，鼓励他们去思考，为什么不用交通安全作为一个主题，让他们去进行积极的思考呢？美国的小学教育和课表上有一系列的目标，这些目标可以用不同方式来进行实现。从政府方面来讲，可以鼓励教育局和教育部门把安全作为一个例子或作为一个话题，来鼓励学生们去进行思考和学习。比如说红、黄、绿这三个颜色是交通信号灯的颜色，美国便可以通过这种教育，告诉他们红灯表示不安全、危险，黄灯表示要等待，绿灯表示安全可以通行。用这种例子，便可以从小学阶段就进行安全知识的培养，从改革的角度来说，也可以通过更新孩子的课程设置去进行培养。

如果从孩子们开始，他们就有一个安全意识，那么这样在他们日后进入驾校学习的时候，就已经建立了一系列的安全意识和安全的最基本尝试，这样对于驾校的教育也是一个帮助。这是杨凯刚认为比较好的一个方法。

Q10：站在美国的角度，你们认为如何解决“中国式的过马路”？您认为按信号灯过马路在美国是人的自觉行为起主要作用？还是制度起主要作用？（美国）

A10：在美国，驾驶人在看到行人过马路时，他们一般是会停下车来等行人的，他们认为这是最起码的安全问题，而且在美国车不管怎么样，都会让行人先走，因为之前有一个规定，如果有车和行人交通发生冲突，发生交通事故后当然是行人危害更重，所以车辆会避让行人。在美国，一般人行横道的信号灯是由行人通过按钮可以控制的，但如果行人在红灯的时候横穿人行横道也是违法的。

Q11：在美国加州，如果一个驾驶人有酒驾的行为，他会受到什么样的处罚呢？（美国）

A11：因为杨凯刚有多个工作和头衔，其中包括他是公路收费站的主任，所以他可以获得很多数据，从一些数据来看，有很多饮酒后驾驶的人逃脱了醉驾的惩罚，但在美国醉驾的处罚是很严重的，将直接会坐牢。杨凯刚的叔叔在两年之前遇到了第二次醉驾的问题，他醉驾已经产生了较严重的事故，所以被判坐牢，而且是第二次坐牢。因为他第二次酒驾被抓，进了监狱。在美国，第一次酒驾以后，很多有酒驾记录的人还能够第二次上路，在中国也是这样的，未来希望法律法规能更加的健全，对有酒驾记录的人要有更好的管控。

Q12：除了法律法规，好多意识形态的养成，都是在不自觉的驾车中体现。驾驶人把规则变成一种行为习惯，他的意识和理念上是什么样的？（日本）

A12：日本驾校在教育学员的时候，会一直强调让他们必须遵守交通规则。法律会设置很重的罚金来达到让大家遵守交通规则的目的。比如，在驾驶的过程中，如果打手机电话会被罚 8000 日元，约合人民币 520 元。这样，给大家养成一个如果不遵守交通规则，就会受到很严重的罚款的意识，这个意识一直灌输在学员的教育之中。总之，有两种方式，一种是在教育中一直跟学员说，必须要遵守交通规则；另一种就是给大家灌输，如果不遵守交通规则，会有很重的罚金，用这两种正反面教导的方式来教育学员遵守交通规则。

Q13：请问英国和瑞典的朋友，在驾驶人素质教育方面有什么成功的经验？尤其是那些允许自学驾驶的国家，是如何解决自学者的素质教育问题的？（英国和瑞典）

A13：在英国，驾驶人的学习方式基本上是自己看书，或者在网上学习，同时做练习也比较多。理论考试很容易考过，如果跟家人或其他人一起学，会更容易通过。

在英国理论考试通过后，实际驾驶操作训练和考试有两年的时间，如果超过两年还未参加道路驾驶考试(简称路考)，则需要重新参加理论考试。在英国学习驾驶，理论培训是强制要求的，但道路驾驶训练是可以自愿选择专业的操作教练员的，也可以选择家人和朋友进行指导。英国的路考一般首次通过率为49%，将近一半的人能一次性通过路考。英国并未规定实际操作必须训练的时长，大家只要能通过考试即可。但大家通过考试取得驾照的时间也很不确定，因为每个人学习的速度不同。

在瑞典，如果学员的 B 类测试有理论测试和实践测试两部分，已通过的测试有效期是两个月，如果两个月内未通过剩余的另一个测试，则需要全部进行重新测试。学员一边学习理论，一边还要练车，每个人的通过实践差别都很大。瑞典政策规定，学习驾驶者可以从 16 岁就开始学，但 18 岁之后才可以申领驾照。16 岁到 18 岁这两年的时间，大家比较容易学会。同时，学习者在拿到学习执照之前会参加 3 个学时的课程介绍，其中会观看一个视频，目的就是要让学员知道在模拟场地驾车很危险，学习开车需要一个循序渐进的过程。

Q14：请问，各位朋友，你们都有哪些好的经验来培养学员的交通安全意识？（瑞典、英国、中国香港）

A14：在瑞典，针对酒驾的问题，需要检测他的酒精含量，作为驾校可以跟他们做一个沟通，这个沟通是双向的，通过这种双向的沟通，会让学生更了解、更关注这些问题的后果。

在英国，他们早期就给学生们介绍关于不系安全带和醉驾的后果等一系列的问题，他们不是简单地告诉他们这些问题，而是会让学生自己去想、去思考，如果你这样做会带来什么样的后果，这样学生就会意识到自己的责任。教育和培养学生的素质，让学生更有责任感，理论考试也会涵盖这些问题，但是不多。

在中国香港，是通过比较可靠的制度来保障学员的交通安全意识的。有一个风险中心会对人们进行强制性的教育，在教育过程中，会通过互动的交流和体验，让大家有深刻的印象知道醉驾、不系安全带的后果。在英国不是这样的，理论课是单项的，没有像瑞典一样是进行互动交流，驾驶人员在督导学生开车的时候要强调执行，监督所有车上的人系安全带，使其成为一个习惯，通过这个培训来进行教育，没有专门的教育机构。香港也一样，香港也没有教学大纲给所有这些教练员去执行，苏华龙有自己的方法，并用自己的方法去教，在法律和理论课上来讲对的经验，你一定能懂，但是没有像瑞典一样有互动交流的环节。

Q15：韩国与中国合资的驾驶人培训机构（上海荣安驾校）如何在中国开展安全文明驾驶教育工作？韩国是从哪一年开展驾驶人素质教育的，用了多长时间形成了现在的良好的安全文明驾驶习惯？（韩国）

A15：韩国开展驾驶人素质教育，首先要有驾校，有相关的具有资质的人员：技能讲师（即驾驶操作教练员）、理论讲师（即理论教练员）。然后要有监督机关，监督机关包括理论学习监督员（就是技能考试监督人员），还有技能教育方面的监督人（技能鉴定员），也包括警察厅。

理论学习监督员只限于已经通过规定的考试、取得驾照的人员，还要符合“运营驾校三年以上的时间”这个条件，以保证他要跟驾校所有的事情都要有一些接触的条件。技能鉴定员，就是当学员经过技能讲师培训之后进行考试时，对学员的考试给出评分的人员。理论监督员，就是要监督技能鉴定员是不是公平、透明。韩国的驾驶培训考试都是计算机考试，具有电子记录功能，考试过程能通过电子化的形式记录下来，所以这些评分都可以查到。但是有些道路驾驶的考试，有一部分是电子化进行记录，还有一些是通过手写的形式记录。虽然没有人给这些考试施加压力，但是这些技能鉴定人员在学员考试的时候，如果出现一些不正当行为的话，他们的处罚就跟行政人员有关。

关于技能讲师，韩国实行一对一教学，这样成本比较高，据韩国一位驾校校长讲述，他运营了40年的驾校，现在发展很困难，同时他担心中国会不会走向这样的发展困境。

Q16：请问韩国代表，您觉得我们在交通安全方面还能做哪些工作？（韩国）

A16：此次论坛共有七个大国参加会议，由中国主办，都是跟同行业的人在交流，相互之间的讨论暂时可能没有太大的作用，但如果还能有这样的场合，不仅是本行业内的人士，而是跟交通有关的所有部门，都一起参加来讨论，才能够有更大的发展。中国官方数据，一年因交通事故死亡的人数在六七万人之间，所以这几天在场的各位，都讨论过这个严峻的安全形势了，设想国家之间的战争，如果要出这么多人力的话，要打多久的仗啊？但是参加这个会议的各位，可以夸大地说，大家在做交通安全方面的努力，如果能够避免这些交通事故，就是拯救了人民，拯救了世界，阻止了战争。在全球，交通事故导致的人民伤亡是最多的，所以在场的韩国代表或中国代表，不要只关注于赚钱，在各个区域的交通安全方面，希望大家能做出更多贡献。如果你们觉得今天时间不太充足，你们在私底下，也可以互相往来，加强交流，可以取得更多的发展成果。

Q17：我想问坂口先生，日本对于违章的行为是如何管理的？（日本）

A17：日本也有记分措施，但它不是扣分，而是加分。加到6分，就暂时被停止开车，如果达到15分，就会取消他的驾照。

Q18：在日本，虽然车辆非常多，但是给人的感觉是大家在循序渐进地向前行驶。我想问一下，在繁杂拥堵的环境中，驾驶人还能循序渐进往前走，不会来回的变道抢道，造成横向干扰，造成道路堵死，日本的驾校是怎么做的？（日本）

A18：对于北京的堵车问题，本来两车道在北京变成了四车道，这是造成堵车的最基本原因。日本也会堵车，但是一般堵车的原因，本来是两个车道，因为施工的原因变成一车道的情况，会出现堵车的情况。两车道如果变成了四车道，当然会出现堵车的情况。在北京这几天发现的一个问题，就是大家没有保证一个很正确的车间距离，如果与前车之间有一点距离，马上就会有车冲在前面加塞，我发现很多次这种问题。首先第一个问题，比如加塞或者两车道变成四车道的情况，是不是公安局在管这个问题，大家遵守交通规则，这是最基本的，很显然现在大家都没有遵守交通规则。还有，在道路拥堵的问题上，日本会利用很多摄像头来监视交通情况，比如这一段已经形成了堵车的情况，可以把信号灯拉长或者缩短。

二、成年人的教育

Q1：成年人在道路交通安全培训过程中，总是比较自以为是，不知在成人的培训中，美国是怎么做的？如何让成人更深刻地接受交通安全意识并掌握这方面的知识？（美国）

A1：相对于年轻人，成年人其实更具有责任感，所以一般在美国，他们如果是年龄比较大的人，都会比较珍惜这种培训机会，他们也会更加小心。我们需要注意的是年轻人，年轻人出交通事故的概率比较多，所以他们制定的规定当中针对年轻人的限制会比较多一点，比如 16 岁开车的这类人。

关于成人驾车的问题，卡尔·贝蒂刚开始当教练的时候，是 30 多岁，那时候很多成年人认为他们自己懂得更多，所以针对这个问题，卡尔·贝蒂会做这样的解释，一般美国人很早就会拿到驾照，而这些成年人之所以到这个年龄还没有驾照，是因为他们本身有一些问题。卡尔·贝蒂的学校就是为了解决这个问题，不管是交通安全上还是事故方面的问题均由他们学校来解决，而且美国有专门的交通安全部门来管理和监督这些问题。

第二节 驾驶培训管理政策和制度

一、驾驶培训制度

Q1：韩国在培训政策上或者在培训制度上与中国有什么差别？（韩国）

A1：关于培训的政策和制度，从1995年开始，韩国引入了“专业学院”概念的制度，取得了很好的效果。但是考虑到方便性的问题，对其进行了简化。简化以后，国内交通事故率有所增加，大家都有些痛心。所以，韩国国民、行业协会及政府，都觉得应该强化这一概念。为此，韩国计划今年10月份开始重新强化“专业学院”制度。

Q2：韩国的驾校有几种？（韩国）

A2：韩国驾校分两种，一种是“一般学院”，指的是纯粹的一个培训教育机构；一种是“专业学院”，指的是既能开展培训，国家政府又赋予他们驾驶考试的权利的驾驶培训机构。1995年引入“专业学院”制度后，当时如果一般学院要转型成专业学院的话，要经过考核。它们要在满足人力、物力、财力的条件下，先试运行六个月，然后一般学生的合格率要达到70%以上，才能被指定为专业学院。被指定为专业学院以后，他们就可以自行实施考试了，不会再有警察厅的干扰。

Q3：在韩国从一般学院到专业学院认定的环节由什么机构来完成？对驾校的监督管理，是哪个部门在行使的？（韩国）

A3：首先当然要有基础设施和物力资源，要有最小6600平方米的地面面积。每300平方米要有一个技能讲师和一辆教练车。通过六个月的持续的考核和评判。如果学员的合格率达到70%以上，那就能从警察厅拿到专业学院的资格。

韩国的监督机关是警察厅。每年大概六个月进行一次定期检查，如果有优劣学院的话，随时都可以进行特例的调查。如果有问题，那就给予他们严重的处罚。现在，韩国的基本情况是如果专业学院有这样的行为，就会被停止运营。监督机构的人员也可以参加调解纷争，比如学院的校长们竞争上的纷争。

Q4：到警察厅认证，专业的正规院校有没有证件？在韩国有没有专业学院的许可证？（韩国）

A4：是有的。六个月期间都有证在进行运营，通过考核，被指定为专业学院以后，有专门的合格证书。拿到指定证以后，能够代行国家的考试，所以拿到指定证以后，就可由学院给学员颁发驾照。但是政府对指定驾校的处罚，跟那些行政人员和政府人员都一样，很严重。

还需补充的是，一般学院的场地面积的要求也不一样，他们只要满足 350 平方米就够了，不管他们是租的还是自己学院拥有的，一定要有一个训练场。但这个数字不是固定的，350 平方米的场地只能够一辆教练车使用，如果是有两辆教练车就得有 700 平方米的场地，以此类推。由此就可以根据他的规模，推算他的教练车和学员数量。一般来说，只靠 350 平方米的场地是不可能运营驾驶学院的。

对于警察厅，主要是利用学生管理平台进行监督。只要追查相应数据的话，通过数据分析，就能够发现哪个学院有问题，那么警察厅就会出动，去那个学院进行特例的调查。所以如果中国尽快引入这个系统，监督机构的人员管理也会很方便。

Q5：在韩国如果一个普通人想要成为合格的驾驶人，他在韩国的教育机构当中要学习多长时间，经过怎样的学习过程，才能成为一个合格的驾驶人？（韩国）

A5：韩国主要通过三种途径取得驾照，第一个是个人学习的途径来取得驾照，第二个是可以通过一般学院来取得驾照，第三个就是可以通过专业驾校取得驾照。个人学习和一般学院主要是被没收驾照的人员练习之后，在国家考场考试之后取得驾照的一种形式；在专业驾校需要修完所规定的培训课程。

韩国过去是义务教育的形式，义务教育是什么样的？必须接受几个小时的义务教育之后才能考试，这是最高的标准。但是后来实行了简易化程序，最高标准转化为最低标准，修满几个小时以上的练习就可以进行考试，这是最低标准。由原来的最高标准转为最低标准，起初的意图是比较好的。因为最低标准可以根据各个年龄段男女性别来接受不同的教育时间。比如说，年龄高的人可以接受比较长时间的培训，年龄小的人相对来说接受短时间的培训。但是运营过程当中，有些偏离制订政策人的想法。所以，2016 年由韩国联合会主导，想努力把这种法规规定进行变革。为什么要进行变革？中国可能今后也会面临这种现象，这也是全世界的趋势。场内技能培训如果没有的话会怎么样？如果只进行社会道路的培训会怎么样？相信在座的各位也有这种想法的人，但是韩国在学院内进行培训的结果，就是先在场内进行培训，然后再进行路上培训。这种方式在减少交通事故率方面更好，所以韩国更加注重于场内技能的培训，想以这个方向来改变韩国的法律规范制度。

Q6：韩国机动车驾驶人培训中的大车的培训和小车的培训有什么不同？（韩国）

A6：对于大型车辆，有规定的教学课时，这个教学课时不是学时，而是一定要过一年半才有资格考试。也就是说，参加大型车辆培训的驾驶人，首先要拿到一级或二级普通驾照，然后先开一年半的时间，这之后满足十个学时的要求才能考试。

Q7：韩国教学是一人一车还是一人多车，还是互动式学习？考完理论以后是不是也在道路上学习？（韩国）

A7：韩国 30 年前也经历过一对多的教育，后来发现跟一对一的教育有明显的差距。韩国业内人士也考虑过，到底是一对多的教育好，还是一对一的教育好，结果表明了一切。现在已经有了规定，应该是一对一的教育更好。韩国现在的情况，就是一个学生一个理论教师，也是一个技能教师。制度规定，九点预约 A 学生，十点预约 B 学生，然后十一点又是 A 学生，依次循环。这是因为预约制的学生要遵守时间，所以有 95% 都能达到遵守约定，但还是会出现少数人缺勤的情况。这样的情况就支付相当于一个学时学费的违约金。因为如果预约的时间学生没有来的话，那预约的车辆和教师的时间就浪费了。

韩国的学生考完理论以后，首先进行场内教育。通过这一阶段以后，进行场内教育的考试。合格以后就能给他一个临时驾照，拿了这个临时驾照，才有资格在道路上驾驶。经过场外的道路驾驶一段时间以后，通过场外道路驾驶的考试，就能把临时驾照变成一个正式的驾照了。但是，如果在道路驾驶阶段，你拿着临时驾照出了事故的话，你临时驾照就取消了，需要重新来过。

Q8：荣安模式在韩国实行的具体情况如何？是否也实行计时收费、先学后付等方式。（韩国）

A8：韩国荣安驾校的模式，是结合了中国和韩国两方面的情况。然后以韩国的驾驶培训专业学院制度为基础发展出的模式。韩国驾校的基础模式，就是要教练在线上教育学员。韩国也采用预约方式，像荣安驾校一样，按小时进行预约，也实行教练一对一的训练。

Q9：去年我的一个朋友，要去韩国旅游拿驾照。如果到韩国时间很短，旅游期就能拿到驾照，我因为没有考证过，所以想问在韩国多长时间能拿到驾照？（韩国）

A9：过去确实是有这样的情况，但是现在已经阻止这样的行为了。首先居住时间过了 90 天的人，韩国应该可以给他们取得驾照的资格。简单来说，韩国现在制度不太完整，在韩国居住过了 90 天的留学生，在长期居住的情况下，就可以给予他们考试的资格。

Q10：是不是韩国的驾校在培训过程当中，就是 16 个学时？（韩国）

A10：现在应该是 18 个学时。原来韩国是达到 60 个学时，但是现在变成 18 个学时，不是过了 16 个学时就能取得驾照，是能够考试的最低限度，就是给他考试的资格。不是取得驾照的时间，是能够取得考试资格的时间。平均来说的话，一般是 50 学时，如果是老年人或其他情况，更多的也有。

Q11：在韩国，驾驶培训行业协会已经很成熟了，韩国驾驶培训制度是政府干预下发展的模式，还是一个行业协会自我成长过程当中的模式？（韩国）

A11：韩国的政府也一直在考虑这个问题，韩国的驾驶制度由联合会来主导。韩国经常会咨询日本的联合会，对他们的制度以及其他的制度进行借鉴，对这些驾驶学院的管理制度进行借鉴，然后再形成自己的政策和制度。

Q12：日本的培训模式是什么？（日本）

A12：日本普通机动车培训，有 26 学时的法规培训和 34 学时的实车练习时间。不管是会不会驾驶或者驾驶得有多好，都要经过 34 学时的学习考试。如果练习 34 学时之后，还是不能通过考试，或者驾驶不好，会延长学习时间。

Q13：日本的学时是强制的还是非强制的？如果是强制的话，学员未达到 36 学时能不能去考试？用中国的一句话来讲，有没有学时造假这种现象？（日本）

A13：在学习时间这方面，比如说上车 36 学时，就必须 36 学时以上才可以参加考试。比如说某个人开得很不好，学了 100 学时还没有考过，过了 100 个学时不能参加考试，这个规定是没有的。在学时问题方面，造假在日本是不可被理解的，是不可能发生的。

Q14：在美国有没有统一的培训纲要或者是培训标准？（美国）

A14：在美国是有纲要的。在美国可以开始学习驾驶的年龄是 15 岁，这些学生需要学习理论上的知识，他们在普通的教室或者是通过网络学习。他们参照这些纲要，学习完后会有考试，来了解这个学生是否完全掌握这些内容。可是他们要等到再过一年，也就是他们 16 岁的时候才可以参加实际上的操作考试。

像之前说的，美国人 15 岁开始可以参加理论考试，可是他们等一年才能参加实际的操作考试。这一年的时间有强制性要求，他们必须每天有6个小时的开车时间，有专业人员监督；或者是有1000小时练习的时间，可以由家长、老师或者是年龄在25岁以上取得相关证件的人陪伴。这1000个小时训练需要有人或相关的机构认证才可以有考试的机会。

一百多年来，科技有很多的进步，很多人都玩电子游戏，这大大增加了人们的一些能力。尤其是年轻人，对他们来说学车是很容易的。真正困难的是解决中年以上人群的驾驶问题，也就是非年轻人的驾驶问题。面对非年轻人的时候，老师们才需要把更多的注意力放在他们的身上。对他们来说，现在的车虽然很方便也很好操作，可是仍有很多困难。因此，美国的学校不是专门只教年轻人，还包括是那些有学习问题的中年人。

Q15：在英国，什么样的机构达到什么样的标准才有可能会得到政府的允许，成为一个合格的有资质的驾驶人培训机构？（英国）

A15：在英国，有很多独立的小型驾驶学校，有的时候只有一个教练员，也有大的驾驶学校。他们一定要到政府的交通和车辆管理局进行认证，这些认证需要经过一系列标准化的管理和评分机制的评估。有理论考试，考对法律法规知识的了解；有一些场所和场地能够进行路演和实际的操练和道路考试。如果这些指标都能够达到的话，该机构就可以去管理局申请批准，成为驾校。

Q16：中国香港驾校有几种？（中国香港）

A16：中国香港有两种不同的驾驶学院（驾校）。一种是政府指定的驾驶学院，一种是私人的驾驶学院。私人的驾驶学院就属于我们的个体户，政府指定的驾驶学院需要有一个场地。土地是一个很大的问题，有了土地才可以办驾驶学院。有一半的考试在场外举行，一半的考试在场内举行，政府批准你办驾驶学院就是希望学生能够在场地内驾驶，在学习过程中降低交通拥挤。如果政府批准你成立这个学院，这个场地需要你自己找，你找不着场地，看看政府能不能租一些地给你。有一些场地是政府给的，有一些场地是租过来的。私人驾驶学院就是个体户，他们没有自己的场地，他可能只有一两部教练车。几个教练集中在一起就成立一个驾驶学院，然后他们招收的学生在公共道路上面学车。一方面，私人驾驶学院所有训练的课程都在公共道路上面，所以会容易造成交通拥堵。另一方面，他们考试的时候跟政府指定的驾驶学院有一点不同，他们考试的时候是在政府指定的路线上考试。而政府指定驾驶学院的考试都是在场内的，考试则全部都是在公共道路上。

在香港，政府指定的驾驶学院总共有 4 个，其中 3 个是 1 家公司的；基于私人的驾驶学院数目很多，具体数目不太清楚，总的来讲应该不超过 1000 所。在很多国家则很少有个体户私人教授的，全部都是驾驶学校。

还有另外一个问题是香港驾校如何竞争。竞争是很强烈的，因为在香港驾驶学院收费是最贵的，比一般的驾驶学校贵一两倍，当他们的老总我也觉得很贵。我们的宗旨是提供什么技术的、什么水平的服务，这个是很重要的。为什么要收这么高的费用？因为经营的成本很高，拥有自己的土地，有一些土地是买回来的，有一些是租的，和一般的驾驶学校不同，他们不用花费路面的钱，所以收费高。会提供优良的、非常好的服务、水平和训练，所以没有办法一统江湖。总有一些人不愿意付钱，没有问题，我们希望舍得花钱的人来我们的驾驶学院，这是我们的方向。（中国香港嘉宾）

二、教练员管理

Q1：韩国驾校的教练员，岗前培训需要多长时间？需达到什么样的标准？（韩国）

A1：在韩国，就像一般学生取得驾照一样，但是对教练员的要求更高，而且另有一套考试，然后通过这个考试，就能取得这个资格。

Q2：对于不合格的教练员，韩国是怎么处理的？（韩国）

A2：韩国对教练员的处罚相当严重。教练员就像政府人员一样，所以对其要求很严格，因为他们是代替国家实行考试的人员。如果理论讲师有轻微错误，首先给他们一个警告，如果他们有什么不正当行为，就会取消他们的资格，对他们的处罚也是很严格的。以前出现过讲师假造一些信息的现象，但是现在好像造假不可能了。已经百分之百实现了电子化的系统是不会允许出现像上述那些不正当行为的。也就是如果他们要做 10 学时的课程，只做了 6 学时，他们想造假那是不可能的，韩国的学时化系统，在讲课之间我们要指纹识别，先学生后讲师，然后计算机就知道他们开始上课了。上课采用指纹识别的方法，造假就行不通。50 分钟后就是一个学时，之后再进行指纹识别，同之前一样先是学生再是讲师，然后他们可以下课，这就是他们每一个学时的课程，这个没有办法欺骗、造假。

韩国 400 家驾校使用的计算机电子化系统，能够实时地报告现在有多少人在上课，然后将结果传送到信息厅，所以关于这些学习时间的造假是不可能的。昨天郑社长讲了一部分关于学事管理系统的情况，韩国不只是为了纠正不正当行为才采取的这个系统，有 50% 是为了不正当行为的纠正，还有 50% 则是为了节省成本。韩国政府来监督的时候，只要一查就都能查到，很方便。既能纠正不正当行为，还能减少人力资源，所以很有效率。

Q3：日本的教练员是怎么培训的？有没有职业资格标准？（日本）

A3：为了成为一个教练员，首先必须是高中毕业以上，21 岁以上，可以参加资格考试，一共要有六个考试，这六个考试都必须通过。而且每年必须参加一次考试，不管该教练员做了多少年。并且对于招聘这些教练员的公司，也会给予他们指导。所以说教练员的养成，花的时间是很长很长的。

Q4：日本对职业经理人的准入门槛和条件，包括教练员的准入门槛和条件有没有什么要求？（日本）

A4：在日本成为一名教练，有年龄和经验的门槛。他们通过不同的招聘方式，比如网络、报纸、广告发信息，之后应聘者到学校参加面试考试。在成为教练之前，会有一定的法律规定，一定的时间，比如多少个小时或者几百个小时的课程。完成课程，通过考试之后，在学校里面都会有警官，60岁退休之后在驾校里面的警官，经过他们指导才能变成真正的教练。

现在所有的驾校都是之前已经建成的驾校。由于日本属于少子化、高龄化，面临一个经营非常困难的时代，现在没有人重新经营驾校，这在制度上很难；再加上出生人口越来越少，可能会面临经营困难。在经理人方面，很多校长都是传下来，是家族企业。

Q5：日本如何来提升教练员的素质？（日本）

A5：在30年前，日本驾校也有比如教练打学生或者骂学生的情况，那个时候驾校的立场和驾校的地位是非常高的。因为学车人数在减少，会出现一种情况，学员会越来越少，如果教练一直是这种态度，他们面临着丢失工作的风险。教练在学员做得非常好的时候去表扬他们，发现他们不好的地方，会很认真负责任地去告诉他们，而不会像以前那样去打或者骂。教练有紧张感的时候会自己改变，变成现在好的情况。就算教练把很正确的教给学员，但是学员不听，也是没有意义的。怎么来提升服务质量，让客户满意，这才是最重要的。在学校里面会有专门的指导员指导他们这些方面，比如教练员应该怎么站立在车旁边等详细地教授课程。

Q6：在英国和瑞典对教练员有没有什么要求或者说有没有认定？这个认定是由协会认定还是由政府部门认定？（英国、瑞典）

A6：在英国的要求是没有犯罪记录，对学历没有特别要求，肯定要能懂得写、懂得讲。在英国，如果你想当驾驶指导员需要驾校考试，对处理危机、交通事故的预防；需要参加技能的考试；路面不同的情况也要懂得处理，在不同的路面怎么处理环保驾驶的技巧；还有种种不同的路面情况怎么应付；最后一部分要考你懂不懂得如何教你的学生驾驶。你既然驾驶技术很高，你懂不懂得怎么考，要看你怎么处理，要进行角色互换，这是英国的要求。教练员的认证资质，比如在韩国，都是由协会去认证。协会首先会对教练员进行培训，然后再进行认证，判断你适不适合当教练员，英国也是这样。

瑞典的老总说他们和英国差不多，但是他们对学历的要求是有的。他们要求教练员一定要在高中学习两年的课，这两年教你怎么当驾驶指导员。在高中有这个课，毕业以后跟英国制度差不多，通过一系列的考评就可以当驾驶指导员了。

Q7：中国香港地区如何对教练员进行认定和管理？（中国香港）

A7：中国香港和英国、瑞典的制度有些不同。在香港，教练员需要在政府指定的驾驶学院学习，英国和瑞典叫“指导员”，香港叫“导师”。但他们没有导师的水平，只有没有交通事故的合格驾驶证，要求高中或中职毕业，需要拥有驾驶证，驾驶学院会训练他怎么当导师，会给他安排政府的考试，教给他怎么当驾驶的导师，他及格了再聘用他，这是政府的安排。

除了指定的驾驶指导员外，还有一些私人的驾驶指导。私人指导员需要通过政府规定的指导员资格考试。他们怎么准备自己去考试呢？他们没有教导学生经验，也没有教导学生技考，所以他们会到专业公司学习。专业公司有关于考驾驶指导员牌照这一类的课程，他毕业拿到牌照就可以当私人驾驶指导员了。

Q8：在美国驾驶人培训过程中，教练员的服务能力和水平是怎么评价的？如果学员对教练员不满意，用什么方式来表达？（美国）

A8：关于驾校的教练方面，他们不可以有犯罪记录，而且在健康方面不可以有任何问题，比如说高血压都不可以。如果是驾校的话，很多都是私人的，并不是国家的学校，可是也必须有国家专门颁布的证件才可以营业，而且对他们的教练方面也有很高的要求。针对学员对教练不满意的问题，情况是这样的：每次课程完成后会给学员发一个电子或者是纸质版的问卷，针对上课的质量，还有车的状况都会有很详细的问题，所以学员如果有什么不满的话，点击或填写意见并上交给学校即可。之前会让一个监督人员去进行跟车观察，这样的话很浪费人力；而且学生有不满的话，虽然可以跟监督员说，却并没有得到很好的解决，通过问卷调查可以解决对教练不满意的问题。

三、交通事故责任倒查

Q1：学员在取得驾照后有什么大型的交通事故，肯定都要到驾校去调查。请问在韩国，像这种情况是怎么判断跟驾校的关系？（韩国）

A1：驾校有责任，当然要负责。学生取得了驾照，驾照上写有学员的号码，如果他的车辆出了事故的话，那这个号码上面会有计分。驾驶人如果闯红灯被扣分之类的，跟他一样，教学人员也有一些计分，然后有相关的处罚。

补充说明一下韩国协会做的一些工作。对于学员价值的不同产生的纷争，我觉得好像中国机构很严重，但是韩国情况不是那么厉害。因为这不是关于教育时间长短的问题，如果教育的时间长，那当然成果会提高。在韩国，教育是不能造假的，如果真的出现白占地学车的情况，那肯定是造假的教育事件，协会看了实时报告上来的资料以后会报告给警察厅，肯定能追查出来，然后抓到那些造假人员。

Q2：日本培训的驾驶学校要为驾驶人负责，甚至终身制，是不是这样？（日本）

A2：实际上在日本的话，这些学员毕业之后的一年以内，被视为观察期。如果出现了任何问题，必须要返回到他毕业的驾校重新学习。作为个人来说，让学员接受再教育，从某种意义上讲是驾校对学员负责任的表现。

Q3：在美国某个人开车的时候发生了交通事故，那这些会不会跟我们的驾校有关系，会不会有驾校的责任？（美国）

A3：这不应该全是驾校的责任，驾驶人违反法律不是驾校的责任。这个事儿应该是两说的，肯定有相应的责任，并不是全部的责任，把这个要区别开。驾校的责任就是按照国家的法律，按照规定学时进行培训，按照驾校原来发布的一些文件，学员在驾校培训合格以后，三年以内如果发生重大责任事故驾校要负责任。那按照驾校规定学时达到了标准，与驾校应该是没有责任的。比如说重大以上的交通责任事故，比如说死人，超过了三年以上的，那不应该是驾校的责任。

按照原来交通部的相关规定，驾校培训出来的学员领取了驾驶证，在三年以内，如果发生重大安全责任事故那么国家就要进行责任查处。只要驾校按照规定的内容和学时完成了相关的培训任务，这个应该不是驾校的责任，是学员本人的安全意识不够。

Q4：我问得更直接一点，杨市长，比如在加州，一个培训学校培养出来的驾驶人，如果他出了交通事故，有没有可能学校或者教练也要承担连带的责任？（美国）

A4：当然。现在还没有这样的法律，如果真有这样的法律，杨凯刚是反对的。杨凯刚认为驾校不应该负责任，如果驾校负责任，可能需要负责任的方面还有很多，杨凯刚相信这是一个合格驾驶人他自己应该全部肩负起来的责任。所以至少就杨凯刚个人来讲，在加利福尼亚，驾驶人没有很强的责任感。驾校需要做的还是加强对驾驶人的教育，让他们能够有所担当。如果说将来给他们一种认识，你出了问题，别人为你负担责任，可能情况会更坏，等于给他们一种心理暗示，你不需要自己负责。自己负责，可能意识才会提升。很多观众在这方面非常认可从娃娃抓起，那么为什么要让驾校来负责呢？不是他们的责任，也不是政府的责任。如果这样说，驾校就需要教育所有人。所有人都有自己需要担负起来的责任，驾驶人也是这样。

Q5：Rolf Bogmark **先生，您同意不同意杨市长驾校不需要承担学员取得驾驶证后事故的责任这一观点？**（英国）

A5：我基本上同意杨先生的看法，实际上在英国，我们也认为，像我很多朋友也是这么认为，为了保证道路的安全，我们每个人都有自己的责任要肩负。因此，我们在培训过程当中，要让我们的学员学会如何更有责任感的驾驶，如何正确地使用刹车、油门等各种驾驶技术。因为这个情况也是很复杂的，你如何衡量驾校的责任也是非常的困难。

第三节　驾驶证考试的要求和方式

一、考试内容和要求

Q1：问一下美国和日本的朋友，除了理论考试之外，一个机动车的驾驶人还需要参加哪些测试和考试，是如何进行测试的？（美国、日本）

A1：在美国，实际上作为市长来讲，我（杨凯刚）并不是很专业地来回答这个问题。实际上我的岳母年岁大了，上个月她重新进行了驾考，她要去进行笔试，然后她通过了，然后还有身体考试，也就是身体的测试，但是她没有通过。由于体质测试没有通过，她要重新进行整个所有项目的考试，所以整个的系统和项目都要重新考一遍，这是我所知道的。

在日本，进驾校的时候就要做一个身体检查，然后合适的人才能够去继续学习驾驶，大部分人在这个阶段是没有问题的。然后就是关于是否适合做一个驾驶人。比如说是容易发火还是不容易发火，这个性格测试也是有的。接下来是理论考试，理论考试是计算机在评分，实操考试是人工在评分。

Q2：我想问一下，在瑞典和英国，职业驾驶人或自学的驾驶人分别是以什么方式取得的驾驶牌照？（瑞典、英国）

A2：在瑞典，在学车考试方面，他们是一样的，都需要不断练习，没有什么特别的培训。

在英国，职业驾驶人的考试与自学的驾驶人不同，会有一些专门的考试，就看他们能不能通过，他们每次的考试也不一样，年龄不同，所参加的考试也不同。英国没有确定驾驶人的年龄是从什么时候开始，但是要有四年驾龄才可以参加考试，等到 70 岁时再看一下是否要重新考试。如果到了 70 岁的时候还可以开，他们还要参加专业性的集训学习。

Q3：我想问的是，英国关于出租车驾驶人的驾驶技巧的考试，关于路线认识方面的考试是怎样的？（英国）

A3：在英国，出租车有两种，其中一种就是打电话约的出租车，并不是在路边招手就能拦到，考试除了驾驶技巧要过关外，还有驾驶人的健康情况要很好、要容易跟人相处，所以在驾驶技巧考试之外，还有健康状况检测。另一种就是，你在路边招手就可以停下来的出租车。当然要有驾驶技巧的考试，还要对这个城市的每一个地点都很熟悉，如果我在伦敦考试的但是在其他城市运营，那怎么办？这就需要另外再考一个牌照，因为你对其他城市的地点不熟悉，所以这是分两种的。

Q4：我们通过哪些努力，能推动我们现在的公安部把考试权放在优秀的驾校？这个韩国朋友有什么好的建议？（韩国）

A4：那时候韩国跟日本有很频繁的交流，他们那时候有指定教习所的制度。然后韩国引进来了，是从日本引进来的。大概有两三年的时间，警察厅的人还有协会的会长，都去过日本。在韩国，交通相关人员和日本的指定教习所，有频繁的互动和交流。在引入这个制度之前，韩国一年的交通事故发生损伤超过了一万名人次，引入这个制度以后，事故率减少了大概 50%。考试权的下放就是这样诞生的。

二、考试方式

Q1：美国的技能考试需不需要电子技能评判？现在有没有？（美国）

A1：现在美国还没有这种数字化的评分标准，因为他们认为，开车的时候是道路方面的问题并不是机器能评判出来的，所以还要人来评分。

Q2：在美国有没有驾考腐败？美国采用人工评判，会不会有感情因素在里面？会不会因为是我熟悉的朋友、亲戚，然后就降低考试的标准？在美国是如何避免这样的问题的？（美国）

A2：在美国，并不是所有人都需要通过驾校的培训才能拿到驾照，所以当他们考试的时候，是直接跟教官混合在一起的，他们并不认识，而且教官是随机分配的，并不是指定谁跟这个教官考，这样就可以避免这个问题。如果是驾校的学生，他们必须去国家规定的考试机构参加考试，而且考试的教官是特定的人。杨凯刚市长的岳母去考驾照的时候，她是中午 12 点去的，结果到下午 4 点一直都没能参加考试，当时都认为她会考不到驾照，可是这个问题是不存在的，因为就算是有很多个人的因素在里面，如果你的驾驶不过关也不会给你驾照。像昨天有人举了一个例子，有一个教练在车上发现烟头，但在美国这些问题很少见，而且即使有的话也不会采取很极端的措施。可是有时候，比如说有些教练可能就是喜欢这个学生，可能会对他们的成绩有一点点影响，但是并不会因此降低考试标准。

如果教练被发现降低标准给学生发驾照的话，美国是有专门的法律规定，可能会把这个驾校都取消了，所以很少会有人去这么做，因为惩罚比较严重。在美国，会定期有一个监督人员去驾校监督检查，他们会把全年的记录全部保留，并对这些学生的上课时间和质量，按评分标准进行评判，如果在监督人员监督的过程中，这些学生发生交通事故，这个监督人员会承担相应的责任。

第四节　驾校的经营管理和发展

一、驾校的经营与管理

Q1：因为郑社长（郑度赫）参股荣安的管理，然后推出来上海荣安是先学后付款，但是我知道的时候，就在2012年，中国整体驾培考试改革之后，我于2013年曾在我们河北保定推，但是推不出去。我们不可能去强制人家，我们现在也有计时的，但是推出来效果非常不好。对此，郑社长怎么看？（韩国）

A1：简单地说一下荣安先学后付的模式。据我（郑度赫，韩国）所知，在中国取得驾照的，现状是只有全部人口的30%左右，而韩国现在全国人口的70%，都已经取得了驾照，日本的话大概有80%吧。所以你看这个市场真的很大，因为中国人口很多，所以在中国驾驶培训行业100年间没有问题。然而那些能保证的钱财，不一定是属于你们的，你们也知道，那些网络教育的学院、驾校可能会到来。刚才听说了广东省的情况，那些召集学生的网络学院，指定学生去一些驾驶学院学习，那你说这个钱到底是谁的钱呢？是那些召集学生的网络学院，驾驶学院是隶属于他们下面的。为什么会有这么一个结果呢？我们要争取我们自己的权利，但是权利伴随着义务。我们内部结构不改变的话，外部的洪流会吞没我们，所以如果我们不能主动努力的话，会被外界蚕食，现在的中国网络公司很大、很强盛。如果他们抢走了我们的饭碗，那我们可能就没有着手的余地了。所以我们必须遵守教育时间，然后好好地培养学员，减少事故发生率，这样才能让他们不能抢走我们的饭碗。

荣安的模式可能现在不太方便，各区域可能不太能够接受，但是像刚才说的一样，如果改成那样（当然我不能强迫你们改成荣安模式），对招生是很有作用的。在上海，其他的驾校招生很困难，但是荣安已经排到六个月以后了，您觉得是为什么呢？现在应该是建立教育制度的时候，那些在当初专业学院引入的时候运营驾校的老板们，都发大财了。但是后期，我们都没有取得好的成果。所以我建议你们，现在做荣安模式可能不太方便，但你们可以试运行一下一部分的驾校，你们就可以看到结果。韩国在 1995 年专业学院制度引入的时候，那些院长们也是极力反对的。我在当时作为第一家引入了这个制度，之后，进行一对一的私人教育，然后在驾校等待的时间，连 10 分钟都没有，因为都是预约制的。你们现在可能是想得比较简单，现在可以多带几个人一起学之类的。如果你们也建立了这个制度的话，也许回过头来会反思，那时候的想法，可能真的是错误的。当然现在就荣安案例，如果以这样的模式进行的话，在驾校以外的地方以非法的行为学习驾驶方式也可以纠正。而且刚才说的那些，各个驾校之间的纷争，那些驾校的训练场在郊外，招生办公室在市内，这样的话是不是会有一些冲突呢？如果把招生办公室和训练场都归到一起，就不会有问题。所以你们现在有机会的话，先可以来韩国亲眼确认一下，可能会有所改观。

Q2：你们有没有发现中国对于我们世界驾培有没有什么商机？有没有合作的点？目前好像还没有跟瑞典、英国和中国香港地区合作的驾校，你们对这个问题怎么看？（英国、中国香港、瑞典）

A2：英国专家认为会交流一些知识方面的问题，可是针对工作方面是政府决定的，主要是知识上的交换，英国可以提供一些关于在英国是怎么训练驾驶人或者是考试方面的信息。

中国香港专家认为这是个很大的问题，短时间内没有一个很明确的答案。因为国内跟香港的交通法律过于不同、训练的要求不同，他相信我们合作的空间就在于训练的技巧，怎么训练我们的教练员和学生，因为虽然交通、法律不同，但是基本的教授都是如何控制你的方向盘和刹车，可以交流经验。总的来说看不到为什么我们没有一个合作的空间。

瑞典专家跟驾考息息相关。他现在面对的是更广泛、更大的市场，是有驾校之后的培训。他们给公安部门、警察、消防的培训，通过基础教育之后，再给他们一个更深层次的提升，所以说发展空间还是挺大的。就像欧洲一样，如果你是专业的驾驶人，你每年都需要一个培训，在中国香港也有几个提案，因为要给企业基金，要给驾培一个机会。瑞典现在是 18 岁考驾照，如果学员中间的驾驶技能没有提升，学员不知道现在新的交通标准或者新机动车怎么操控，或者学员中间已经 30 年没开车了，那么学员就找非基础的培训，这也是一个商机。

Q3：有没有学员砸车的现象？如果有，是怎么处理的？学车的车费要高到什么程度？一个学员的学费是多少？服务到底在哪些地方做得好？我想知道国外的导师一个月的薪资是多少？比中国内地的，包括香港的教练高多少？（瑞典、英国、中国香港）

A3：在瑞典没有出现这种现象，我们没有遇到过。学员的费用很贵，教练的月工资在 25000~45000 瑞典克朗之间。

在英国也不存在这些问题，但是有替考的现象，就是说有驾校的人跟你要钱替你考试，但是也有相关的部门去检查，牌子上面是有你照片的，看看是不是你本人在参加驾校考试。针对性驾驶教练是可以达到 25000~30000 英镑，学员的学费大概是 15000 英镑。

在中国香港没有这样的现象，关于刚才瑞典嘉宾说的，在瑞典为 25000~30000 瑞典克朗，每个小时的费用大概是 2500 瑞典克朗。关于驾驶学院的收费，香港可能是最贵的。香港的收费按 24 小时的训练，大概是 15000 港币，这个费用不包括政府所收的。24 小时的训练中一个小时安排模拟考试。模拟考试是什么意思呢？这个学生学完了这个训练课程之后，参加政府举办的驾驶考试之前（大概是两个星期），驾校就要安排教练员坐在学员的面前，扮演的角色就是一个考官，按照香港政府所定的考评要求来评核这个学员，让这个学员自己驾驶，在要考试的路线上驾驶，这是考试路线。教练员给他打分，打完以后讨论他刚才犯了什么错误，他可能及格，但要注意什么地方。以后要讨论，讨论以后要商量训练要不要再根据打分的结果加强培训，如果需要，驾校再加强某一方面的培训，希望他们考试的时候完全没有问题，这是我们包含在 24 个小时学习中的一堂课。如果关于这个打分，学员自己觉得考得不好，但是又希望包过，那么他就希望增加学习，当然这个是要收费的。这是其中一个方法，可提高驾校的技术和服务水平。

关于教练员的工资是多少这个问题，在香港有 90% 以下的教练员是 20000 港元一个月，为什么不是 100% 呢？因为这里面包含了新加入的教练员。90% 的教练员的工资是一个月 20000 港币，有 50% 的教练员工资是 25000 港币以上的，还有的在 35000 港币以上，那是很老资格的教练员。教练员除了一个月的工资还有一个月的医疗费用，有强基金，就是退休的保障；还有按香港政府规定的要穿制服，包括手机和月费也是驾校付的。另外，在香港没有学生会给教练员钱。为什么要给教练员？给他能保证学生及格吗？不能。所有的教练员教的每个学生，他的成绩是公开的，每一个阶段驾校都会对这个学生做一个评估，看看他的进步怎么样。我接受你的解释，第一个学生笨，怎么所有学车的学生都笨呢？这个是讲不过去的。所以驾校对教练员也是有一定要求的，要不定时地安排的一些具有很老资格的考评员和教练员，看看他是怎么教学生的，也有一个评估，用种种方式去提高教学的技术和服务水平。除了 24 个学时以外，还在学时里面授课讲解，驾驶的时候要根据路面的情况具体反应，这是理论课，另外还有 7 学时理论课。所以算起来我们每一个学时成本很高，收费很低，所以我们的学生都觉得物有所值。

Q4：日本驾照持有率实现从 20% 到 60% 的增长的 30 年间，行业起到了什么作用？我们能在他们走过的路上吸取什么经验？（日本）

A4：在 30 年间，日本经历了一个高速的成长期。在高速成长期之后，汽车保有量变大，所以驾照持有率一下子变得很高。从 10 年前开始，因为日本少子化、老龄化，所有驾校到了一个经营困难的地步。持证率从 20% 到 60% 期间，死亡事故非常多。因为飞速的成长，让驾驶人数量急剧增加，在这个过程中，发生了很多的死亡事故，所以对于这种情况来说，日本警察，包括驾校，为了抑制死亡事故发生，进行了很多制度的改革，包括对学员的教育。

Q5：我们想问这位日本朋友，坂口先生，像您这个级别的教练员收入是多少，可以透露一下吗？（日本）

A5：我可以说，我的年收入在 350 万到 450 万日元（工薪阶层水平）。

二、行业竞争

Q1：韩国驾校行业，有什么样的业内竞争，是怎么解决的？（韩国）

A1：中日韩好像都存在竞争的问题，如果你们有好的解决方法的话，我确实想学习一下。我是韩国总协会的会长，每个地域的分会长都集合在一起，进行解决、调节。通过这样的调节，基本上都能解决问题。所以我好像记得中国的情况，不是每个省都有协会，我们做这个行业的个人不能私自创立法案法规。所以在一些还没建立协会的地方，尽快建立一个协会，以协会为中心解决和调节这些纷争。

Q2：韩国的协会，在驾校自律和培训价格调节方面，都做了哪些工作？是怎么做的？有没有什么我们可以借鉴的？（韩国）

A2：韩国的驾驶培训行业协会，及同行的业内人士，对交通法规的规定或者对下属一些学院的纷争能够完全解决，协会的存在就是为了这些，同时还会做一些宣传。有纷争就得解决，协会是一定要存在的。

Q3：韩国有没有产能严重过剩的情况？你们是怎么解决的？韩国政府是否也参与解决产能过剩的这个问题？是怎么做的？（韩国）

A3：20 年前我们在引入专业学院制度之前，有过同样的情况。我觉得正是我们这个制度的引入，解决了这个问题。决定性的工作还是由我们协会来决定，然后有些部分是协会跟政府共同合作，主要是调节有问题的学院。

大体来看，中日韩这三个国家的制度有些相似。但是在日本也有学员数额减少的趋势，韩国也一样。但是中国的情况怎么样呢？现在真的是极度的庞大，在这个时期从事这个行业的人们，希望你们能够做得很好。现在日本的情况，学生人数真的很少，他们在考虑给每个学生两次教育，如果到了一定时期的话，那些高龄学生，就得接受一次教育，再去考驾照。韩国的情况，还没进行到那一步，比如那些违法的人员、驾驶人，或者因为驾驶能力不足，导致交通事故的学员，超过了规矩的限度，我们就会给他一个停止驾驶的期限。预期他们停止驾驶的时间长度，还不如让他们再接受教育，然后能够马上再次驾驶，我们现在正在促成这么一个政策。据我所知中国的学生人数很多，现在就要做好管理。比如说现在这个学院，能够培育 1000 个学生，他贪图利益，过度招生，比如 1500 个人，过多的那些学员，超出了他们的能力范围，就相当于是不正当行为了。

就如刚才说的一样，如果你们引入我们这个专业学院制度的话，驾校之间抢学员的纷争，应该能够得到很好的解决。每个地区的每课时学费不一样是不行的，现在你们说韩国的学费很便宜，我们每课时的学费大概是 45000 韩元，相当于 265 元人民币。所以跟你们想的不一样，学费很贵。与其把时间概念作为重点，不如提高能够判别他们驾驶能力的能力。韩国当然也存在纷争，驾校只要接受规定人数的学员，那就不会有太大的变动，所以不太有问题。

Q4：10 年前，日本进入产能过剩阶段，现在基本稳定了，日本是如何减轻或者避免在产能过剩的前提下恶性竞争的情况的？（日本）

A4：日本现在也存在这样恶性竞争的问题。因为少子化、高龄化，出生率非常低，在这种情况下，驾校招生受到很严重的影响。我会跟旁边驾校的校长一个月进行一两次的沟通交流，但是在价格竞争上是不可避免的。我的驾校价格比较高，但是为了不跟对方进行直面的竞争，出了几套学习方案，比如白天学习或者只有周六周日才可以学，有几种套餐，减少竞争。举个例子，在预约的时候有两种套餐，第一个是由工作人员帮助学员预约课程，还有一个就是学员自己预约课程，这两者之间会差 1 万日元，大约 600 元人民币。在这之外，也会有各种各样的方法，应对价格竞争，用能想到的各种方法，让学员享受各种服务，进行各个学校之间的竞争。在教练员方面，教练也算是服务业，作为服务业来说，提高教练的工作能力以及服务质量，也是和其他驾校能做出差别的地方。

三、新技术应用

Q1：日本机器人的发展比较迅猛，在驾培行业里，是否引用了机器教练员这一块？如果用了，效果怎么样？（日本）

A1：在日本驾培行业，机器人是没有被使用的，必须要去驾校，经过正规的教练在旁边人对人的训练，只有这个才被法律认定。比起无人驾驶车，机器人培训更合适一些。

Q2：新能源汽车是不是可以作为教练车来用？你们当地的政府对新能源汽车做教练车这方面是什么样的思想？（瑞典、英国）

A2：在瑞典没有使用教练车的习惯，关于怎样开车更省油比较重要，我觉得这个更实在。如果航程太短，一直充电不实用，这是出于商业方面的考虑。

在英国，他们现在还没有考虑新能源汽车的问题，但有计划对教练员进行培训，指导学员关于怎样开车更省油，还有对机动汽车所有的科技怎么去应用，在驾驶当中怎么配合新能源科技对行车更保障。

在驾驶训练方面最看重的是教学生怎么样开车，开车是把握方向盘、刹车、认识路面的情况的整体反应，这是教练教的技巧，无论整个车究竟是由柴油带动的，还有空气带动的。车有刹车、方向盘，它用什么动力？有什么方式呢？这些可以不用考虑。我觉得不需要担忧太多。将来一定是电车的世界，对驾驶的行业有没有什么影响？反正电车有方向盘、有刹车，你教的技巧是一样的。

Q3：在日本，培训也是通过理论和实操来训练一个驾驶人。那么在互联网高度发达的今天，日本的理论培训方面有没有采用互联网技术？有没有使用远程网络教学？如果有的话，网络远程教学在你们培训方面是全部采用还是部分采用？（日本）

A3：在日本现在可以利用网络进行的只是考试科目——法规考试练习，真正的课程是不可以在网络学习的。如果不去学校，教练没有签到，不算他接受教育，要继续学。

第五节　驾培行业生态环境

一、社会发展

Q1：我想请教一下，现在英国汽车人均拥有量是多少？人车比是多少？去年汽车销量是多少？驾驶的考证量是多少？与上年同比上升或下降是多少？（英国）

A1：在英国学车的人数在下降，因为出生率一直徘徊在低点，还有英国这两年经济也不太好，今年情况有点好转。在英国，每年增加的学员大概是1400万，英国每年增加的人口大概是1500万。新车的销量我们不清楚，因为我们不是这个行业的人。瑞典的情况跟英国差不多，我讲不出新教学员有多少，瑞典人口很多，香港是五万多，所以车差不多有五六万辆，相比较而言人数很少。

Q2：汽车销售下降，驾驶人新增下降，刚才说了有人口下降的因素，有经济下滑的因素，还有刚才咱们说的汽车普及到一定程度，买车的人需求少了，那么驾驶人也少了的因素。这三个因素哪个是主要的因素？（英国）

A2：钱是最大的因素，经济不好。因为在英国存在这样的情况，英国很多汽车是公司购买的，购买之后给员工开，因为经济不好，公司就会减慢购车的频率。

Q3：我想知道日本汽车工业比我们走得早，驾照保有率现在是60%，我们中国驾照保有量大约是2亿8千万，约占20%。从20%到60%当中，我们的行业是什么走向？走了多少年？有没有爆发期？能否预判一下这段时间会发生一些什么问题？（日本）

A3：在日本驾照20%到60%经过了大约30年时间。在日本，驾照是一件非常重要的物品，像身份证一样重要，很多人把驾照作为身份证使用。在日本真正因为想开车而去考驾照的人是有的，但是也有很多是因为想要身份证件而去学车的，这类人占大多数。如果想很快地增加大家的驾照持有率，把驾照的价值再增加一些，这样会让很多人持有驾照。在日本，比如说我们在申请手机还是申请住房、买车的时候，或者其他需要你出示身份证件的时候，更多使用的是驾照。在日本，驾照的价值比较高，没有驾照，可能我们连一台手机都买不了。签发驾照的时候，如果有这种价值，可能中国驾照持有率会更高。

Q4：2015 年日本的交通事故死亡人数是多少？是上升了还是下降了？导致它上升或者下降的主要因素是什么？（日本）

A4：2015 年日本全国交通事故死亡人数是 4113 人，比前年人数减少。最多的是 1970 年，死亡人数为 16765 人，到现在死亡人数降为了 1970 年的四分之一。把人数从 16765 人降到去年的 4113 人的原因有很多，比如道路环境的准备，还有道路安全秩序的准备，包括警察的严格管理，发生事故时的紧急应对，还有汽车的安全性和法律的改善。通过这些原因，才能把死亡人数降到现在的四分之一。除此之外，驾校作为控制死亡人数的重要因素，起到的作用应该是最大的。日本驾照跟中国一样是有期限的，到期更换新驾照的时候，日本要强制进行法规的学习。日本驾照分成金色、蓝色和绿色，对于法规的学习时间是不同的，金色是没有发生交通事故的。在孩子的安全教育这一部分，日本政府也是非常努力地去进行对孩子的安全意识养成以及安全教育。各个地区都会有自己的安全中心，专门对在这个区域居住的人进行课程的教育。

Q5：请日本朋友谈一下对中国驾校的感受，你们感受到了我们一些什么，我们跟日本的相似点是什么，差异点是什么？（日本）

A5：我们这次来参观了两所驾校，但是给我印象最深刻的是这里的设备非常先进，所有的机械跟日本非常相像，在日本也是最高端的设备。因为中国驾校比较有钱，所以采用了世界上最好的机器。这次来到驾校参观之后，我觉得有一件令我非常惊讶的事情，就是在中国驾校里就可以进行考试。因为在日本驾校学完之后，去警察局才可以参加考试，拿驾照，在中国的教练场内拿到驾照这件事情令我非常惊讶，但是我觉得更加方便。东方时尚驾校在我看来非常有发展，或者比日本驾校更有发展。具体的教学内容方面，我看不懂教科书，也没有具体听他们的实际讲课，所以在这里我没法发表什么意见。

Q6：我想问一下日本朋友们，这次在中国举办机动车驾驶人培训与道路交通安全国际论坛，你们的感受如何？有没有意向在日本搞一次国际论坛？（日本）

A6：昨天我也被问到这个问题，这么多国家、这么多从业者聚在一起讨论交通安全的机会并不多，对自己来说这是非常重要的一次经历。以前，在日本听说中国驾校的情况以及中国的道路交通情况，和今天看到的驾校实际情况和道路情况是有一些差别的，学到了很多东西。在日本是否举行下一次论坛这件事，我自己没法决定，跟闫校长，还有韩国的会长，还有全国汽车联盟联系，如果能在日本进行下一次论坛的话，我会感觉到非常荣幸。

刚才提到的一个价格问题，因为竞争产生的价格问题，中国再过几年之后，也可能会发生这个价格纠纷问题。在日本这些城市里面，也有很多因为价格竞争，把价格降到非常低的时候，甚至做不下去，关掉驾校的也有很多。在我的公司里面，我们除了做驾校，还有自己的出租公司和大巴公司。对于巴士价格来说，日本交通法有规定，有价格区间，但是会自己调整空间来定价。但是在出租车方面，因为全国几乎是一个价格，不能改变。对于出租车的服务方面，几十年对于服务的要求是没有变化的。和固定价格的出租车相比，出租车服务这么多年是没有变化的，其他的车要价格竞争，加最新的车型，最新的设备，以及对驾驶人的要求，必须要会哪个国家语言，是因为有了竞争，才会有改革。如果在日本，价钱全变成统一定价的话，在驾校方面变成统一定价，我们会很高兴，就不会进行价格竞争，但是对于交通安全以及学员的质量会比现在差很多。

在日本为什么现在整体秩序比较好，是因为从小进行了对于孩子的交通安全教育，比如在日本的学习中，有自行车教室，在很多学校里设专门的教育课程，让孩子从小进行交通意识的养成，对于交通整体秩序的管理是非常重要的。自由竞争与价格竞争相比，对于交通安全的贡献性更大。比如说前天我们参观了东方时尚驾校，里面不光是高速公路，还有山路，在日本是完全不可想象的。一年间有 20 万毕业生的东方时尚驾校，这个人数对日本来说是不可想象的，但是如果东方时尚驾校可以为孩子、为妈妈们定期进行交通安全教育，免费进行对孩子的交通安全教育，对以后中国交通安全的发展，对秩序的遵守有很大帮助。反过来说，比东方时尚小的驾校，也可能在价格竞争中发生一些不可生存的问题，比如驾校营运不下去或者倒闭等问题。但是如果在附近住的居民对其有一个很好的评价，比如它免费为一些孩子进行交通安全教育或者交通安全课程等，对这个驾校的生存会起到很好的作用。包括价钱在内，所有的自由竞争会对驾校以及交通安全等产生重要影响，占据更重要的地位，有自由竞争，才会产生更好的东西。

二、无人驾驶

Q1：无人驾驶汽车对驾培行业会有什么影响？（英国）

A1：关于这个问题，我们不用太担忧，现代已经有无人驾驶了，我们的飞机不用驾驶的，但还是有司机，这个司机一定是有一个资格的司机。现在的电脑很厉害，飞机起飞、下降都不用人工操作，为什么航空公司还要这样？除了法律的问题，出了意外由什么人负责之外，如果无人驾驶的飞机或汽车出事了，出事后停在路中心怎么办？没有政府愿意承担这个责任，中国政府也不能，这是生死的问题，道理就是这样。

Q2：无人驾驶飞机早就有了，为什么是一部分人用呢？（中国香港）

A2：跟大家分享一个香港的经验。在香港，车辆差不多是导航和电脑操作，不是全自动，是半自动的。香港政府不准驾驶者用这些导航辅助系统，如果出了交通意外，到底是由哪个人负责？香港政府就问生产商，生产商告诉香港政府，很简单，因为驾驶者用半自动导航系统之前，我们要告诉他怎么操作，按这个键说“我同意”变成半自动，所以责任就是驾驶者，生产商把责任推给驾驶者，你就看到法律的问题、责任的问题。如果系统故障还需要一个合格的驾驶人去驾驶汽车。在英国因为科技的发展，很多车辆不管是半自动的还是手挡的，都需要一个牌，才可以驾驶，发这个牌要注明手挡的车。摩托车有手挡的，也有电的。一般最小的电动车相当于排量125毫升的摩托车，如果用电摩托车考试，是71千瓦。如果电摩托车功率是71千瓦，就等于用排量125毫升的摩托车去考试，方法是一样的。

Q3：今后的无人驾驶需不需要驾驶证？（日本）

A3：用一个手指就可以控制车辆，在现阶段虽然有了，但都开这种车是一个不太现实的问题。如果能一个手开汽车且只要按一个按钮就可以开汽车的话，就像坐地铁或者是公交车是一样的。但是在中国，我只看到了北京的交通状况。在日本，街道和市中心都是非常窄的，在这种非常窄的状况下，完全实现自动化的驾驶是不太可能的一件事情，因为在真正撞车的时候，日本对事故的处理要求很严格，应该由车主来赔偿这方面损失还是由汽车厂商来赔偿损失，还没有一个明确的解释。不管是完全自动的汽车也好，还是飞机也好，需要很长时间的测试，才可以完成真正意义上的自动化驾驶。不需要驾校的话，培训也是不可能完成的，像开飞机，也需要到一个专门的驾校学习之后才能够完成。从目前日本的情况来说，倒车这些小的问题可以实现自动化，比如自动化泊车等，但是现在完全自动化驾驶，日本的法律还没有承认。

三、保险制度

Q1：韩国的保险保到什么样的程度？发生交通事故撞到第三方以后，最高保险达到多少额度，这个保险是自愿的还是强制的？（韩国）

A1：韩国在场内的训练是没有车牌的，所以当然不能保险，主要是根据我们场地的面积去保险。就是说根据我们场地大小的不同，保险费用也会不一样。到了道路驾驶阶段有车牌，我们就可以申请一般的交通保险，但是有两个条件。刚才说了场内的是根据地缘面积来算的，学员在学习驾驶的阶段，也是有个人的保险的。然后物材方面，就是按照面积来算的保险。学员如果因为训练出事故而受伤了，那就能够拿到他们的个人保险，来学驾驶的学生，有义务一定要申请这个保险。

韩国的驾校跟保险公司之间，已经建立了一个犹如商品一样的联系。发生事故的时候，不只是说有规定的金额。如果发生了一个死亡事故，被害人与保险公司交流，跟驾校这一方没有关系。如果受伤了，那就由保险公司来承担，直到他痊愈。所以驾校跟保险公司订立契约以后，当然不发生交通事故最好，但是一旦发生事故，费用方面没有问题。这只是学院跟保险公司的一个交易，给保险公司提议每平方米多少的价钱来算，然后跟他们买保险。保险费用的支付，驾校没有选择的余地。

后　　记

据统计，截至2015年年底，我国公路通车里程已经达到457万公里，机动车保有量达到2.79亿辆，汽车驾照持有人数已经突破3亿人。尽管如此，年道路交通事故起数、死亡人数和直接经济损失等指标近年呈持续下降趋势，说明公路交通基础设施建设、机动化水平和交通事故预防等工作成效显著。

我国正在积极推进新型城镇化、京津冀一体化和“一带一路”等国家战略。可以预见，“十三五”期间乃至更长一段时期，我国的道路交通基础设施总量尤其是城市道路、机动车保有量和驾驶人数量仍将快速发展。与之对应，交通参与者的安全意识、守法意识、自律性行为和交通出行文明需要大幅提升，道路交通安全形势十分严峻，需要付出更大的努力进行道路交通事故预防工作。

交通事故一旦发生，将使驾驶人、同乘人及其家庭蒙受灾难性打击，影响家庭幸福，也对亲友、社会带来巨大额外负担。因此，可以说，道路交通事故预防是一项家庭幸福工程、社会和谐工程和惠及民生的工程。驾驶人培训是道路交通事故预防的关键环节，驾驶人考试是道路交通事故预防的第一道防线，良好的安全意识养成、驾驶习惯培育和驾驶技能掌握，既可以让驾驶人本人受益一生，也将使其家庭乃至社会获益巨大。

随着我国机动化程度和百姓生活水平的不断提高，驾驶执照的社会需求旺盛，驾驶培训机构迅速增加，目前我国拥有1.5万多所驾驶培训机构，年培训量达2600多万人次，可谓规模庞大，产出惊人。但是，现状培养出的驾驶人质量被广泛诟病，如“马路杀手”“路怒症”驾驶陋习等，说明驾驶培训考试环节距社会期待仍有较大差距。

发达国家，如日本、美国、瑞典、德国、英国等具有先期机动化发展的历史，道路交通安全水平经历了由低向高发展的过程，其关键是把握住了处于源头的驾驶人培训考试这一重要环节。因此，学习借鉴他们的先进经验，结合我国的具体情况优化我国的驾驶人培训考试的体制机制和培训考试制度，调整驾驶人培训考试方式，规范培训市场，严格考试方式，创造规范、文明、安全、和谐的交通社会。

为了促进驾驶人培训考试国际交流，学习吸纳先进国家的经验，2016年6月

15日至17日，“首届机动车驾驶人培训与道路交通安全国际论坛”在北京举办。论坛吸引了日本、美国，英国、德国、韩国、瑞典等国家驾驶人培训机构的负责人，中国驾驶人培训行业的专家、学者以及驾培机构的从业人员等近500人出席了会议，是一次具有开拓创新意义的盛会，并将论坛的成果汇编成本书。

成果汇编以“责任与安全”为题，汇集了我国公安交通管理、交通运输管理以及行业协会领导对我国机动车驾驶人培训考试领域的认识和期待，来自瑞典、英国、美国、日本、韩国和我国专家的实践凝练，以及与会代表的广泛而深入的交流，内容丰富且具有真知灼见。瑞典基于道路交通事故零死亡愿景，将人的生命放在最核心位置的交通设计与使用的互动关系建立，把安全意识和驾驶人错误摆在第一位，提升驾驶责任心并设立相关标准的一体化系统理念，以及驾驶人培训考试中的强制性风险教育课程和驾驶风险训练；英国考试取得驾照后的两年试用期，以学员为核心的互动型教育培训，以及通过一系列的方法让所有学员明白，湿滑路面降速以及开车接打电话、酒驾、毒驾带来的潜在隐患；美国“一盎司的预防胜过一吨的事后处理”的理念，为自己开车驾驶的同时考虑他人的利益，为他人而驾驶的良好驾驶习惯培养，以及预防性驾驶；日本政府严格的驾校准入和培训标准，对驾校的严格管理和监督，通过法律制度防治分心驾驶，对特殊驾驶群体的驾驶人培训管理；我国东方时尚驾驶学校的“以点带面、以小带大、以新带老、以少带多”的四点“带动”理念等，均给参会人员留下了深刻的记忆。

本人认为，本次论坛是我国机动车驾驶人培训考试领域走向国际舞台的良好开端，对我国驾驶人培训行业整体水平的提升，预防和减少道路交通事故，进一步规范驾驶人培训行业，提升驾驶人的交通安全意识，改善交通陋习，强化机动车驾驶人培训机构的社会责任的使命感，促进驾驶人培训行业健康发展等均具有重要意义。

“千里之行，始于足下”，期待论坛的进一步发展，期待人们共同努力使我国的道路交通安全水平早日步入世界先进国家行列。

公安部、国家安全生产监督总局“全国道路交通事故预防”专家组

副组长　邵春福

2016年9月